Wer lebte wo in Potsdam

von Christiane Kruse

Villa von Arnim

INHALT

„Die Leute haben sich die wegwerfende Meinung von Potsdam angewöhnt", schrieb der Schriftsteller Heinrich Laube 1834, „es sei nur das Komma, das sich an das Wort Berlin angehängt habe. Ich bin immer ganz anderer Meinung gewesen und habe nie begriffen, warum nicht Potsdam zur Hauptstadt Preußens wurde."

Potsdam ist eine schöne, intakte Stadt von besonderem Charme, eine „Enklave des Südens" mit malerischen Havelseen und einzigartigen Parkanlagen. Trotz verheerender Zerstörungen durch die Luftangriffe der Royal Air Force in der Nacht des 14. April 1945 und sozialistischer Umgestaltungsmaßnahmen während der DDR-Zeit – der Reiz vergangener Epochen ist bis heute gegenwärtig.

Als Königsresidenz und Garnisonsstadt, Filmmetropole und idyllisches Refugium war Potsdam immer wieder Wohnort prominenter Persönlichkeiten, die die Geschichte der Stadt prägten: Preußische Könige, Adel und Hofbeamte, Architekten und Künstler, Unternehmer und Gelehrte, Politiker und Offiziere – vom deutschen Bundeskanzler Konrad Adenauer bis zum Barockbildhauer Johann Christoph Wohler.

Das Buch berichtet aus ihrem Leben und sucht ihre ehemaligen Wohn- und Wirkungsstätten auf. Es führt zu Potsdamer Königsschlössern, die heute zum UNESCO-Weltkulturerbe gehören und als Museen zugänglich sind, in das berühmte Holländische Viertel aus der Zeit des „Soldatenkönigs" Friedrich Wilhelm I., zu Barockpalästen und Rokokohäusern aus der Ära Friedrichs II. („der Große"), der die nüchterne Garnisonsstadt seines Vaters zur glanzvollen Residenz ausbauen ließ, und zu eleganten klassizistischen Palais der noblen Vorstädte. Es begleitet zu malerischen Villen der Schinkel-Schüler, die häufig nach Anregungen des Kunstliebhabers Friedrich Wilhelm IV. entstanden und bis heute das italienische Flair Potsdams prägen, genauso wie in die Villenkolonie Neubabelsberg, die als „deutsches Beverly Hills" in den 1930er-Jahren Wohnsitz prominenter UFA-Schauspieler war: Ein unterhaltsamer kulturgeschichtlicher Reiseführer vom Barock bis in die Gegenwart.

Alter Markt mit dem ehemaligen Stadtschloss, 1840

Blick auf Potsdam, 1871

Jurist, CDU-Politiker, Bundeskanzler (geb. 1876 Köln – gest. 1967 Rhöndorf/ Stadtteil von Bad Honnef bei Bonn)

Potsdam-Babelsberg, Rosa-Luxemburg-Straße 40

Als Konrad Adenauer im Frühjahr 1934 nach Potsdam kam, war er schon mehr als ein Jahr arbeitslos. Das NS-Regime hatte ihn nach 16 Jahren im Amt als Kölner Oberbürgermeister im März 1933 abgesetzt. Um weiterer Verfolgung oder Verhaftung zu entgehen, hatte er Köln am gleichen Tag verlassen und für fast ein Jahr im Benediktinerkloster Maria Laach in der Nähe von Köln Zuflucht gefunden.

Die Babelsberger Villa mietete Adenauer samt Mobiliar für sich und einen Teil seiner großen Familie – er hatte drei Kinder aus erster Ehe und drei weitere mit seiner zweiten Frau Auguste (gen. Gussie, 1895 – 1948) – als Rückzugsort, aber auch, um schnell in Berlin sein zu können, wo er juristisch gegen seine Amtsentlassung vorging: Ein vergeblicher und in dieser Zeit auch ausgesprochen couragierter Plan, zumal die NS-Behörden ihm bereits ein Dienststrafverfahren wegen angeblicher „Begünstigung von Einzelpersonen", „übermäßigem Repräsentationsaufwand" und „Anhäufung von Schulden" angehängt hatten. Nur durch die Intervention einflussreicher Freunde konnte das Verfahren gegen ihn im Juni 1934 eingestellt werden.

Jean Kraemer, Mitarbeiter im Babelsberger Büro des prominenten AEG-Designers und Architekten Peter Behrens, errichtete die Villa um 1924. Adenauer bewohnte sie von Mai 1934 bis April 1935. Der ursprüngliche Eigentümer Norbert Wiener, ein jüdischer Kaufmann, war bereits emigriert

Konrad Adenauer

Am 30. Juni 1934 – der Tag, an dem der letzte Reichskanzler der Weimarer Republik General Kurt von Schleicher und seine Frau Elisabeth in ihrem Wohnhaus in der nahe gelegenen Griebnitzseestraße 4 (zu DDR-Zeiten abgerissen) von der SS erschossen wurden („Röhmputsch") – wurde Adenauer verhaftet und zwei Tage in der ehemaligen Potsdamer Villa von >> Herbert M. Gutmann festgehalten.

Ein knappes Jahr später verließ Adenauer Potsdam und siedelte nach Bad Honnef-Rhöndorf über, wo er weitgehend unbehelligt blieb. Erst im Zusammenhang mit Graf Stauffenbergs gescheitertem Hitler-Attentat vom 20. Juli 1944 wurde Adenauer, der am NS-Widerstand nicht beteiligt war, Ende August 1944 erneut inhaftiert, diesmal für drei Monate.

Nach 1945 kehrte Adenauer in sein Amt als Kölner Oberbürgermeister zurück, wurde jedoch nach fünf Monaten durch die britische Militärregierung wieder entlassen. Er beteiligte sich maßgeblich an der Ausarbeitung des Grundgesetzes, war Mitbegründer der CDU und wurde 1949 zum ersten deutschen Bundeskanzler gewählt. Obwohl bei Antritt bereits 73 Jahre alt, blieb er 14 Jahre im Amt, bis sein Parteigenosse und ehemaliger Wirtschaftsminister Ludwig Erhard ihn 1963 ablöste. Adenauer betrieb eine Politik der Westintegration und der engen Bindung an die USA (Europäische Wirtschaftsgemeinschaft, Aufnahme in die NATO, Freundschaft mit Frankreich) und schloss einen Wiedergutmachungsvertrag mit Israel. Eine seiner populärsten Leistungen war die Freilassung der fast 10 000 letzten deutschen Kriegsgefangenen in der Sowjetunion, die er 1955 bei einem Staatsbesuch in Moskau durchsetzte. ■

Hotelier
(geb. 1874 Mainz – gest. 1945 Berlin)

Potsdam-Neu Fahrland, Am Lehnitzsee 1

Louis Adlon in seinem Arbeitszimmer im Berliner Hotel Adlon

„Wenn er durch die Hotelhalle ging, verstummte das Personal völlig. Und es wurde auch nicht von Herrn Adlon gesprochen, er war der Patron.“ So respektvoll blickte Alfred Bischof, ehemals Oberpage im Berliner Nobelhotel Adlon, auf seinen früheren Chef zurück.

Louis Adlon hatte bereits weitere Adlon-Unternehmen, wie die Zooterrassen, das ehemalige Hotel Continental und das Restaurant Hiller in der Friedrichstraße, geleitet, als er 1921 das international bekannte Hotel am Pariser Platz vis-à-vis dem Brandenburger Tor übernahm.

Seit der Gründung des Hotels durch seinen Vater Lorenz Adlon (1849–1921), der einst als mittelloser Mainzer Schuhmacher-Sohn in die Hauptstadt gekommen war, galt es als eines der exquisitesten Luxushotels der Welt. 1907 eröffnet, konnte es sein hervorragendes Image auch nach dem Ende des Kaiserreichs halten. Louis Adlon manövrierte das Unternehmen gekonnt durch die Ära

Mit Blick auf den Lehnitzsee: Die Gartenseite der Villa Adlon

der Weimarer Republik und die spätere NS-Zeit, wenngleich er versuchte, die Nazi-Elite möglichst fernzuhalten, die dann auch vorzugsweise im Hotel Kaiserhof abstieg. Zu seinen Gästen gehörten Kaiser und Könige, Industriebosse und Staatschefs, Kulturprominenz und Showstars, darunter John D. Rockefeller, Aristide Briand, Gerhart Hauptmann, Thomas Mann, » Richard Tauber und Josephine Baker.

Dass Louis und seine resolute und ehrgeizige zweite Frau Hedda (gest. 1967) im Berliner Gesellschaftsleben jemand waren, wollten sie auch privat demonstrieren: 1925 ließen sie sich auf dem Neu Fahrlander Seegrundstück, das Hedda mit in die Ehe gebracht hatte, anstelle des vorhandenen alten Bauernhauses eine repräsentative Villa erbauen – in bester Gesellschaft, denn auch andere Honoratioren der Berlin-Potsdamer High Society, wie die Industriellen-Familie Siemens, hatten sich an dem idyllischen Ort nahe Potsdam angesiedelt.

Hedda Adlon

Die Villa war Wochenendrefugium – meist lebten die Adlons in ihrer Privatwohnung im Berliner Hotel – und Ort glanzvoller Partys und Empfänge zugleich.

Das erfolgreiche Leben von Louis Adlon nahm Ende des Zweiten Weltkriegs durch ein banales Missverständnis ein unglückliches Ende: Sowjetsoldaten, die in Neu Fahrland eingerückt waren, hielten den General(!)-Direktor für einen Wehrmachtsgeneral und verhafteten ihn am 25. April 1945 in seiner Villa. Keine zwei Wochen später war Adlon tot. Sein Hotel brannte in der Nacht vom 2. auf den 3. Mai 1945 bis auf einen Seitenflügel nieder. In einem stilistisch am alten Gebäude orientierten Neubau wurde es 1997 an gleicher Stelle wieder eröffnet. Die sanierungsbedürftige Villa, in der DDR als Kinderklinik, Ausbildungsort und Landesakademie genutzt, soll inzwischen einen privaten Käufer gefunden haben. ■

Architekt, Aquarellmaler (geb. 1814 Treptow an der Rega/ heute Trzbiatów, Polen – gest. 1866 Potsdam)

Potsdam-Jägervorstadt, Weinbergstraße 20

Ferdinand von Arnim (anonyme Zeichnung, 1852)

Als Mitarbeiter von Ludwig Persius (1803–1845) und Ludwig Ferdinand Hesse (1795–1876) gehörte Ferdinand von Arnim zum Kreis der einflussreichen Potsdamer Spätklassizisten, konnte jedoch nur wenig eigenes Profil entwickeln, da er zumeist für die Bauausführungen der königlichen Neubauten in Potsdam zuständig war, darunter der Normannische Turm auf dem Ruinenberg (1845/46), die Friedenskirche im Park Sanssouci, Schloss Lindstedt und das Belvedere auf dem Pfingstberg.

Als entwerfender Architekt trat er, neben der Villa Arndt in der Friedrich-Ebert-Straße 63 und der Villa für den königlichen Platzmajor Albert Graf von Haacke in der Jägerallee 1 (1847), lediglich mit seinen Bauten für Prinz Carl von Preußen in Erscheinung. Mit dem Umbau des Berliner Jagdschlosses Glienicke im Neobarock (1859) und den Klein-Glienicker Schweizerhäusern im Stil der Schweizerhausmode (um 1865) wendete er sich hier sogar neuen Stilen zu.

Er war auch ein talentierter Designer, der Brunnen, Gitter, Kandelaber, Vasen und Ornamente als Vorlagen für Bauhandwerker entwarf, erreichte aber vor allem als Aquarellmaler einen gewissen Bekanntheitsgrad, in erster Linie durch seine Potsdam-Veduten für >> Friedrich Wilhelm IV.

Von Arnim, Vater von fünf Kindern, starb 52-jährig an einer Blinddarmentzündung und ist auf dem Friedhof in Potsdam-Bornstedt bestattet. ■

Blick vom ehemaligen Winzerberg auf die 1859/60 erbaute Villa von Arnim, die für die Potsdamer Villenarchitektur der 2. Hälfte des 19. Jahrhunderts vorbildlich wurde. Hinter seinem Grundstück lag das Haus seines Kollegen Ludwig Persius (1945 zerstört)

Der Chirurg Ernst von Bergmann, um 1890

Chirurg (geb. 1836 Riga – gest. 1907 Wiesbaden)

Potsdam-Berliner Vorstadt, Berliner Straße 62

Wie viele Potsdamer, aber auch Berliner Honoratioren im 19. Jahrhundert ließ er sich seinen Wohnsitz in der Berliner Straße errichten. Das Grundstück liegt idyllisch am Tiefen See mit rückwärtigem Blick auf Schloss Babelsberg und, nahe der Glienicker Brücke, direkt auf dem Weg nach Berlin, wo Ernst von Bergmann seit 1882 als Universitätsprofessor und Direktor der Chirurgischen Universitätsklinik arbeitete.

Er zählte zu den größten Chirurgen seiner Zeit. Seine Karriere begann mit der Entdeckung der aseptischen Wundbehandlung. Nachdem er, selbst Kriegsteilnehmer, beobachtet hatte, dass die operierten Schusswunden verletzter Soldaten häufig zu tödlichen Wundinfektionen führten, setzte er eine neue Behandlung durch: Keimfreiheit und Gipsverband statt Operation. „Die neue Methode“, schreibt sein Biograf Magnus Schmid, „bedeutete eines der umwälzenden Ereignisse in der Geschichte der Wundbehandlung.“ Von Bergmann gilt außerdem als Begründer der Hirnchirurgie („Die chirurgische Behandlung der Hirnkrankheiten“, 1888).

Typisch für Potsdam: Die malerische Turmvilla aus den Jahren 1890/91. Sie wurde 1995 modernisiert und innen entkernt

Heino Schmieden, den Architekten seiner Villa, kannte er möglicherweise durch seine berufliche Tätigkeit. Mit seinem Geschäftspartner Martin Gropius hatte sich Schmieden u.a. auf den Bau von Krankenhäusern spezialisiert, darunter die Universitäts-Augenklinik und die Frauenklinik der Berliner Charité. ■

Schriftsteller (geb. 1930 Gleiwitz/ heute Gliwice, Polen – gest. 1990 München)

Potsdam-Nauener Vorstadt, Russische Kolonie 11

Horst Bienek, der seine oberschlesische Heimatstadt Gleiwitz als Deutscher nach dem Einmarsch sowjetischer Truppen 1945 hatte verlassen müssen, lebte Ende der 1940er-Jahre als Redaktionsvolontär der „Tagespost" in Potsdam, bevor ihn Bertolt Brecht 1951 als Dramaturg in sein Berliner Ensemble aufnahm.

Im gleichen Jahr wurde Bienek, erst 21 Jahre alt, verhaftet und wegen angeblicher „Spionage" und „antisowjetischer Hetze" von einem sowjetischen Militärgericht zu 25 Jahren Zwangsarbeit verurteilt, nur, weil sein Name im Adressbuch eines nach West-Berlin geflüchteten und wieder in den Osten entführten SED-Abgeordneten gefunden worden war. Brecht soll sich nicht für ihn eingesetzt haben. Bienek verbrachte vier Jahre als Kohlenhauer in den sowjetischen Gulags Workuta und Sverdlovsk, bis er 1956 in die Bundesrepublik Deutschland ausgewiesen wurde – mit während seiner Haft auf Zigarettenpapier geschriebenen Gedichten, die er in einer Zahnpastatube versteckt hatte.

Horst Bienek

Krieg und Nachkriegszeit, Vertreibung und Haft spielen in seinen Büchern „Die Zelle" (1968), „Traumbuch eines Gefangenen" (1957) oder „Gleiwitz. Eine oberschlesische Chronik in vier Romanen" (1975–1982) eine zentrale Rolle. In ihnen wollte er jedoch nicht primär das eigene Leiden, sondern das „Gefangensein des Menschen schlechthin" (Louis F. Helbig) schildern. ■

Das Blockhaus gehörte der Familie Schischkoff – Nachfahren russischer Sängersoldaten, für die >> Friedrich Wilhelm III. 1826/27 die dreizehn Häuser umfassende „Kolonie Alexandrowka" im Stil eines russischen Dorfes hatte errichten lassen. Bienek lebte hier Ende der 1940er-Jahre zur Untermiete

Hans Rudolf von Bischoffwerder

Militär, Staatsmann
(geb. 1741 Ostramondra/ Thüringen – gest. 1803 Potsdam)

Potsdam-Marquardt, Hauptstraße 14, „Schloss Marquardt“

Zeitgenossen und Historiker haben Hans Rudolf von Bischoffwerder häufig negativ beurteilt. Vor allem seine Zugehörigkeit zum okkulten Geheimbund der Rosenkreuzer wurde ihm angelastet; durch Geisterbeschwörungen soll er König >> Friedrich Wilhelm II. vollständig unter seinen Einfluss gebracht haben.

Theodor Fontane beschreibt Bischoffwerder in seinen „Wanderungen durch die Mark Brandenburg“ ganz anders: „[...] ein lebenskluger, mit Gaben zweiten Ranges ausgerüsteter Mann, der scharf beobachtete, wenig sprach, keinerlei Ansprüche erhob [...] und sich begnügte, in aller Stille einflussreich zu sein. [...] Er diente dem Könige und dem Lande nach seiner besten Überzeugung [...].“

Bischoffwerders Alterssitz am Schlänitzsee. Der Kernbau des Schlosses stammt aus dem Jahr 1791, das heutige Erscheinungsbild aber ist durch die Umbauten des Unternehmers Louis Auguste Ravené Ende des 19. Jahrhunderts geprägt. Ab 1932 wurde es als Kempinski-Hotel genutzt. Heute steht es leer und kann für Veranstaltungen gemietet werden. Der Park ist öffentlich zugänglich

Schon während der Kronprinzenzeit der Vertraute Friedrich Wilhelms, machte Bischoffwerder nach dessen Regierungsantritt 1786 eine steile Militärkarriere und wurde zum engsten, vor allem außenpolitischen Berater des Königs.

1795 erwarb Bischoffwerder Gut Marquardt, ließ das Schloss umgestalten und den Park durch den Ankauf von Gutsäckern erweitern. Überliefert ist, dass Bischoffwerder in einer längst nicht mehr erhaltenen blauen Grotte Geisterbeschwörungen veranstaltete, an denen auch der König teilnahm: „Alsbald wurden Stimmen laut“, so Fontane, „leiser Gesang, wie von Harfentönen begleitet. Dann stellte der König Fragen und die Geister antworteten.“ ■

Astronom, Volksschriftsteller (geb. 1875 Berlin – gest. 1948 Potsdam)

Potsdam-Babelsberg, Merkurstraße 10

„[...] meine Eltern sagen, niemand weiß so schön vom Weltall zu erzählen wie Sie", schrieb einmal ein kleiner Junge begeistert an Bruno Hans Bürgel, dem es mit populärwissenschaftlichen Vorträgen und Büchern, darunter „Aus fernen Welten – eine volkstümliche Himmelskunde" (1910), „Du und das Weltall" (1923) und „Doktor Ulebuhles Abenteuerbuch" (1928), einer Sammlung naturwissenschaftlicher Märchen, gelungen war, einem Laienpublikum allgemeinverständlich und spannend astronomische Themen nahe zu bringen und gleichzeitig von Fachkollegen und anderen Wissenschaftlern wie dem Naturforscher >> Ernst Haeckel geschätzt zu werden.

Bürgels Büste im Vorgarten seines Hauses (Kopie einer Arbeit von Walter Bullert)

Den ungewöhnlichen Erfolg als „astronomischer Schriftsteller" hatte sich Bürgel hartnäckig erkämpft, denn seine Herkunft bot eigentlich keine Karrierechancen: Als unehelicher Sohn einer Näherin wuchs er in ärmlichen Verhältnissen im Berliner Scheunenviertel auf. Ein Schuster namens Bürgel, in dessen Haus die Mutter lebte, adoptierte ihn später. Sein leiblicher Vater, der Berliner Archäologe und Lehrer Adolf Trendelenburg, bekannte sich nie zu ihm.

Obwohl im Fach Astronomie nur Autodidakt – Bürgel war gelernter Steindrucker und zuletzt einfacher Fabrikarbeiter – hatte er es geschafft, 1894 an der Berliner Urania-Sternwarte angestellt zu werden und sich vom Saaldiener zum Assistenten des Astronomen Max Wilhelm Meyer hochzuarbeiten. Der prominente Astronom Wilhelm Julius Foerster, Vater des Potsdamer Gärtners und Staudenzüchters >> Karl Foerster, hatte Bürgel den Besuch von Gastvorlesungen an der Berliner Universität ermöglicht.

Seit 1915 lebte Bürgel mit seiner Frau Franziska, geb. Sobek, deren Vater Handwerker auf der Urania-Sternwarte war, und dem gemeinsamen Sohn Walther in Babelsberg, zunächst in der Stahnsdorfer Straße 94. 1928 bezog er das eigene, für ihn erbaute Haus in der Merkurstraße 10. Durch die hohen Auflagen seiner in mehrere Sprachen übersetzten Bücher, darunter später auch Romane wie „Der Stern von Afrika – Ein Roman aus dem Jahre 3000", „Gespenster", eine spiritistische Geschichte, und populärphilosophische Betrachtungen wie „Die kleinen Freuden – ein besinnliches Buch vom Glück im Alltag" (1934) hatte er es zu Wohlstand gebracht.

„Durch all meine Arbeiten", schreibt Bürgel 1919 in seiner – ebenfalls sehr erfolgreichen – Autobiografie „Vom Arbeiter zum Astronomen", „zog sich als roter Faden immer die Tendenz, nicht nur zu belehren, sondern auch zu erheben, eine kosmische Weltanschauung aufzubauen, das ethische Moment, das in der Betrachtung der Sternenwelt liegt, herauszuarbeiten. Ich war immer ein wenig Poet, und das kam mir bei meinen Arbeiten sehr zustatten."

Sein Grab liegt auf dem Babelsberger Friedhof Goethestraße. Im Potsdamer Urania-Planetarium, Gutenbergstraße 71/72, befindet sich eine Bürgel-Gedenkstätte. ■

Seine Bucherfolge ermöglichten Bürgel 1928 den Bau eines Eigenheims, das er bis zu seinem Tod bewohnte. Vom Balkon des Hauses machte er mit einem großen Refraktor astronomische Beobachtungen

Filmregisseur
(geb. 1929 Rostock – gest. 1997 Berlin)

Potsdam-Babelsberg, Robert-Koch-Straße 8

Heiner Carow war einer der führenden und innovativsten Filmregisseure der DDR. Er begann seine Laufbahn linientreu mit Dokumentationen über den Aufbau des Sozialismus, darunter sein Debütfilm „Bauern erfüllen den Plan" (1952), und einer Reihe von Kinderfilmen mit antiwestlichen Tendenzen wie „Sheriff Teddy" (1957), einem Streifen über einen Westberliner Jungen, der mit seinen Eltern in den Ostteil der Stadt zieht und sich dort zu behaupten lernen muss. „Wir haben zum Teil die Filme richtig gequält, damit die ‚Aussage' zustande kommt", so Carow rückblickend.

Über die DDR hinaus bekannt wurde er in den 1970er-Jahren durch unangepasstere, z.T. sogar kritische Gegenwartsfilme, in denen nicht mehr die Verherrlichung sozialistischer Ideologie, sondern die persönliche Lebenswelt seiner Hauptfiguren im Vordergrund steht. Carow sah sich durchaus nicht als Kritiker der DDR, entwickelte aber die Überzeugung, dass die Zuschauer „in Filmen unseres Landes die ehrliche Darstellung von Problemen dieser Gesellschaft" finden sollten – eine Auffassung, mit der er wiederholt aneckte.

Kongress der Film- und Fernsehschaffenden der DDR, Berlin. Links Carow

Sein größter Publikumserfolg war die „Legende von Paul und Paula" (1973), nach dem Drehbuch von Ulrich Plenzdorf und mit den wenige Jahre später in die Bundesrepublik ausgereisten DEFA-Stars Angelica Domröse und Winfried Glatzeder in den Hauptrollen. Die leidenschaftliche und unkonventionelle Liebesgeschichte zwischen einer unangepassten jungen HO-Verkäuferin und einem Jungfunktionär, der für sie Karriere und Familie aufgab, traf den Nerv seiner Landsleute, die sich nach individuellem Glück jenseits sozialistischer Vereinnahmung sehn-

ten. Mit drei Millionen Zuschauern innerhalb weniger Monate wurde der Film einer der größten DEFA-Erfolge, erreichte auch im Westen Kultstatus und gilt längst als deutscher Filmklassiker.

Quasi ein Gegenstück zu „Paul und Paula“ war sein zweiter populärer Spielfilm „Bis dass der Tod euch scheidet“ (1977/78), die schonungslose Darstellung einer problematischen Ehe im sozialistischen Alltag mit Katrin Saß in der Hauptrolle.

Auch mit „Coming out“, seinem letzten in der DDR entstandenen Film – Premiere war am 9. November 1989, dem Tag des Mauerfalls – wagte Carow Neues: Es ist der einzige DDR-Film zum Thema Homosexualität. Er wurde auf der Berlinale 1990 mit dem Silbernen Bären und dem Teddy Award ausgezeichnet.

Nach der politischen Wende drehte Carow TV-Serien und Dokumentationen, trat als Filmdarsteller auf und inszenierte Theaterstücke. Mit seinen Spielfilmen – sein letzter Film „Die Verfehlung“ (1991), ein Ost-West-Liebesdrama, wieder mit ‚seiner' Schauspielerin Angelica Domröse in einer der Hautrollen – konnte er nicht mehr an seine früheren Erfolge anknüpfen. ■

Das kleine Haus, gegenüber der ehemaligen Villa des UFA-Stars >> Marika Rökk, bewohnte Heiner Carow mit seiner Frau Evelyn, die als Filmcutterin mit ihm zusammenarbeitete

Vorleser Friedrichs II.
(geb. 1725 Morges am Genfer See – gest. 1795 Potsdam)

Potsdam-Berliner Vorstadt, Am Kanal 7

Henri Alexandre de Catt ist zwar als Vorleser >> Friedrichs II. („der Große") in die Geschichte eingegangen, war aber auch sein enger Vertrauter und täglicher Gesprächspartner, mit dem er sich ausschließlich französisch unterhielt, das der preußische König besser als Deutsch beherrschte.

Beide hatten sich im Sommer 1755 per Zufall in Holland kennen gelernt, das Friedrich II. nach Inspektion seiner in Polen stationierten Truppen inkognito als angeblicher Kapellmeister des polnischen Königs bereiste. Auf einer Schifffahrt – der König legte eine Etappe mit einer Trekschute (ein hölzerner Schleppkahn für Binnengewässer) zurück – stieg de Catt zu. De Catt, der damals in Utrecht Staatsrecht und Geschichte studierte und in den Niederlanden als Hauslehrer arbeitete, verwickelte Friedrich in ein anregendes Gespräch über Politik, Literatur, Philosophie und Theologie. Nichtwissend, wen er wirklich vor sich hatte, äußerte er freimütig seine Meinung und kritisierte dabei auch die Ansichten des Königs. Der König „meinte, daß es in der Welt mehr Schlechtes als Gutes gäbe. Ich behauptete das Gegenteil, und so stritten wir uns bis zum Ziel der Fahrt", erinnerte er sich später.

Vorleser und Vertrauter >> Friedrichs II.: Henri Alexandre de Catt

De Catt, der von Bord gegangen war, ohne die wahre Identität seines Gesprächspartners erfahren zu haben, hatte auf Friedrich II. einen so positiven Eindruck gemacht, dass dieser ihn sechs Wochen später einlud, in seine Dienste zu treten. De Catt kam nach Potsdam – krankheitsbedingt allerdings erst 1758 – und war mehr als zwanzig Jahre für den König tätig, bis er 1780, wie viele Vertraute Friedrichs II., in Ungnade fiel, da der mittlerweile chronisch misstrauische König ihn für bestechlich hielt. Zwar behielt er Amt und Einkünfte, wurde aber nicht mehr ‚gerufen'.

Einen intimen Einblick in ihre Gespräche geben de Catts Tagebuchaufzeichnungen aus dem Zeitraum zwischen März 1758 und August 1760, aus denen er 1786, nach dem Tod Friedrichs, auch seine Memoiren zusammenstellte. Beide Schriften wurden vom Thronfolger >> Friedrich Wilhelm II. angekauft, unter Verschluss gehalten

und erst 1884 durch den Historiker Reinhold Koser unter dem Titel „Unterhaltungen mit Friedrich dem Großen. Memoiren und Tagebücher von Heinrich de Catt“ veröffentlicht. Sie gelten bis heute als informative Quelle zu Friedrichs Persönlichkeit und zuverlässiges Dokument über den Siebenjährigen Krieg (1756–1763; auch Dritter Schlesischer Krieg genannt), auf dessen Feldzügen ihn sein Vorleser zeitweise begleitet hatte.

Das barocke Haus, 1724 von Peter de Gayette erbaut, war ab 1773 Wohnsitz des königlichen Vorlesers. 1777 ergänzte >> Georg Christian Unger das Gebäude um einen Neubau Ecke Berliner Straße 10

De Catt, der seit 1762 mit Ulrike Kühn, der Tochter des preußischen Konsuls in St. Petersburg verheiratet war, liegt auf dem Friedhof in Potsdam-Bornstedt begraben. ■

Jurist, 1848er-Revolutionär
(geb. 1826 Potsdam – hingerichtet 31.7.1849 Freiburg/Br.)

Potsdam-Innenstadt, Dortustraße 28/29

„Wer den Muth hat, eine Überzeugung zu bekennen und für dieselbe zu kämpfen, muss auch den Muth haben, für dieselbe zu sterben", bekannte Max Dortu seinen Eltern 1849 aus der Haft.

Er war einer der führenden Aktivisten der 1848er-Revolution, die vom preußischen König >> Friedrich Wilhelm IV. bürgerliche Rechte einforderte und dafür blutig niedergeschlagen wurde („Gegen Demokraten helfen nur Soldaten").

Demokratische Ideale hatte ihm bereits sein Vater, der liberale Justizrat Ludwig Wilhelm Dortu, vermittelt, der sich als Mitglied der Potsdamer Stadtverordnetenversammlung engagiert für Presse-, Rede- und Versammlungsfreiheit sowie für die Verabschiedung einer Verfassung einsetzte. In seiner eigenen juristischen Laufbahn – Max Dortu war Auskultator (Gerichtsreferendar) am Potsdamer Stadtgericht – entsetzten ihn behördliche Willkür

Dortu-Gedenktafel aus dem Jahr 1948

und die Nöte des Volkes so sehr, dass er dem Potsdamer „politischen Verein" beitrat, deren Sprecher er wurde. Der zunehmend brutalere Einsatz königstreuer Regimenter gegen die zunächst friedlichen Demonstranten radikalisierte ihn. Er wurde zum Barrikadenkämpfer.

Im Sommer 1848 wurde Dortu wegen Majestätsbeleidigung der Prozess gemacht. Er hatte den preußischen

Thronfolger, den späteren deutschen Kaiser >> Wilhelm I., als „Kartätschenprinz" tituliert, in Anspielung auf dessen Forderung, man solle die Aufständischen „niederkartätschen". Dortu saß in der Berliner Hausvogtei ein, kam jedoch mit Unterstützung seines Vaters durch ein Berufungsverfahren frei und setzte seine Aktionen fort. Um zu verhindern, dass Militärtransporte zur Niederschlagung der Revolution nach Berlin gingen, ließ er die Eisenbahnschienen zwischen Potsdam und Nowawes aufreißen und die Telegrafenleitungen zerstören. Da ihm erneute Haft drohte – in Abwesenheit wurde er zu fünf Jahren Festungsarrest verurteilt – floh er im Januar 1849 zunächst nach Paris, fand aber bereits im Mai desselben Jahres Anschluss an die badische Freiheitsbewegung. Er kämpfte als Major der „Revolutionsarmee" gegen heranrückende preußische Truppen, wurde von der preußischen Armee gefangen genommen und am Morgen des 31. Juli 1849 wegen Hochverrats standrechtlich erschossen. Ein Gnadengesuch der Eltern hatte Friedrich Wilhelm IV. abgelehnt.

Max Dortu

Das Elternhaus von Max Dortu, 1771 von >> Georg Christian Unger errichtet, ist ein typisches „Bürgerpalais" aus der Ära >> Friedrichs II., der Bürgerhäusern Palastfassaden vorblenden ließ, um das Stadtbild aufzuwerten. Ursprünglich wurde es von Friedrichs Leibarzt Christian Andreas von Cothenius bewohnt. Seit 1867 wird es als Schule genutzt. Aus der Entstehungszeit sind das Treppenhaus und ein Rokokosaal erhalten

Über Dortus Hinrichtung schrieb eine Zeitung: „Er ging, ein großer schöner Mann, etwa 24 Jahre alt, mutig und gefasst, die linke Hand ans Herz gestemmt, in die Mitte des Vierecks, das die Infanterie gebildet hatte. [...] Das Todesurteil wurde verlesen. Dortu antwortete: Ich sterbe für die Freiheit. Schießt gut, Brüder!" ■

Physiker
(geb. 1879 Ulm – gest. 1955 Princeton/ New Jersey, USA)

Schwielowsee/Ortsteil Caputh, Am Waldrand 15–17

„Komm nach Caputh, pfeif auf die Welt […]“, schrieb Albert Einstein 1931 an seinen Sohn Eduard nach Zürich und brachte damit die heitere, unbeschwerte Atmosphäre seiner Caputher Sommertage zum Ausdruck.

Einstein, seit Veröffentlichung der „Allgemeinen Relativitätstheorie“ (1919/20) und der Verleihung des Nobelpreises für Physik (1921) ein weltberühmter Mann, liebte das ungezwungene Landleben, das seinem lässigen, individuellen Lebensstil ohne einengende bürgerliche Konventionen entsprach.

Sein einstiges Sommerhaus liegt oberhalb von Caputh, direkt am Waldrand und zugleich nur wenige Gehminuten vom Templiner See entfernt, an dem sein Segelboot „Tümmler“ lag – ein idyllischer Ort inmitten schönster märkischer Natur und doch nah bei Berlin, wo er seit 1914 als Direktor des Kaiser-Wilhelm-Instituts für Physik arbeitete.

Einstein, 1951

Drei Sommer, von 1930 bis 1932, verbrachte Einstein mit seiner Frau Elsa, geb. Löwenthal (1876–1936), in Caputh. Margot und Ilse, die bereits erwachsenen Töchter aus Elsas erster Ehe, kamen häufig zu Besuch, und auch Hans Albert und Eduard, die Söhne aus Einsteins geschiedener Ehe mit Mileva Marić, gehörten zu den Gästen.

Durch eine Reihe von Zufällen war er zu seinem Caputher Refugium gekommen: Ursprünglich hatte die Stadt Berlin ihm zum 50. Geburtstag ein Landhaus schenken wollen, fand aber weder Immobilie noch Baugrund, sodass Einstein schließlich selbst das Grundstück in Caputh erwarb. Dem erst 28-jährigen, bei der Holzbaufirma Christoph & Unmack angestellten Architekten Konrad Wachsmann (1901–1980), der von Einsteins Grundstückskauf gehört hatte, gelang es, ihn vom Bau eines Holz-Fertighauses zu überzeugen. Wachsmann errichtete ein ca. 100 qm großes, schmuckloses Holzhaus. Weißgestrichene Fensterläden und Geländer sowie einige Reminiszenzen an den Bauhaus-Stil der 1920er-Jahre, wie das Bullaugenfenster des Badezimmers, bilden die einzigen optischen Akzente in der rötlichbraunen Fassade. Vergleichsweise schlicht ist auch das Innere: Die Räume – im Erdgeschoss lagen außer Küche und Bad, das Wohn- und zwei Schlafzimmer, oben befanden sich zwei kleine Gästezimmer und eine Dienstmädchenkammer – sind mit einfachen Holzfußböden, z.T. vertäfelten Wänden und Einbauschränken ausgestattet. Auch das nicht mehr erhaltene Mobiliar war anspruchslos und zweckmäßig. Einziger Luxus war der Gartensaal – auf Wunsch Elsas mit offenem Kamin.

Einstein, nicht nur einer der bedeutendsten theoretischen Physiker seiner Zeit, sondern auch ein Repräsentant öffentlichen Lebens, der seine Überzeugungen als Pazifist, Humanist und Jude stets offen bekannte, kehrte nach der NS-Machtergreifung 1933 von einer USA-Reise nicht mehr nach Deutschland zurück. Bis zu seinem Tod wohnte er als Professor und lebende Legende in Princeton. Sein Caputher Sommerhaus sah er nie wieder. ■

Die Gartenseite des Einstein-Hauses. Es kann mit öffentlichen Führungen an den Wochenenden besichtigt werden

Gärtner, Staudenzüchter (geb. 1874 Berlin – gest. 1970 Potsdam)

Potsdam-Bornim, Am Raubfang 6

Potsdams legendärer Gärtner und Staudenzüchter Karl Foerster stammte aus einer bekannten Berliner Familie. Sein Vater war der Astronom und Direktor der Berliner Sternwarte Wilhelm Julius Foerster (1832–1921), sein Bruder der Philosoph und Pädagoge Friedrich Wilhelm Foerster (1869–1966).

1910 verlegte er seine Gärtnerei, die er seit 1903 hinter dem Wohnhaus seiner Eltern in der Ahornallee 40 im Berliner Stadtteil Westend betrieb, nach Bornim, wo er ein großes Grundstück erworben hatte und sich das malerische Wohnhaus im Stil der damals modernen Landhausarchitektur erbauen ließ. 60 Jahre lang blieb es sein Arbeits- und Lebensmittelpunkt. Foerster lebte hier zunächst mit Vater und Schwester, bis er 1927, im Alter von 53 Jahren, die 28 Jahre jüngere Opernsängerin Eva

Die Foerster-Villa inmitten der Schaugärten. Auf dem Grundstück wird heute die „Foerster-Stauden GmbH" betrieben

Hildebrandt (1902–1996) heiratete. 1931 wurde das einzige Kind, die Tochter Marianne geboren.

Auf dem weitläufigen Grundstück, in damals kaum bebauter Umgebung, entstand sein großer Gartenbaubetrieb, während rund um das Wohnhaus ausgedehnte Schauanlagen wuchsen, die bis heute zahlreiche Besucher anziehen. Frühlingsweg, Herbstbeet und Steingarten sowie ein regelmäßig angelegter Senkgarten mit Wasserbecken veranschaulichen Foersters Spezialität: den naturnahen, nach einem Gartenkalender angelegten Garten, der vom Frühjahr bis zum Spätherbst blüht.

Berühmt wurde Foerster vor allem durch seine winterharten Staudenzüchtungen. Es waren besonders hochwachsende Blütenstauden wie Mohn, Phlox und Rittersporn, mit denen er Kunden weit über Potsdam hinaus belieferte und eine neue Gartenmode etablierte: heimische Gewächse statt exotischer Pflanzen.

Karl Foerster mit seinem Rittersporn „Perlmutterbaum“

Seine Gartenbaufirma, die er seit 1928 gemeinsam mit >> Hermann Mattern und Herta Hammerbacher betrieb, beriet auch bei Gartengestaltungen und legte selbst Gärten an, darunter die Potsdamer Hausgärten für den Philosophieprofessor Alois Riehl (Babelsberg, Spitzweggasse 3), den Bankier Franz Urbig (Babelsberg, Virchowstraße 23) und den Pianisten >> Wilhelm Kempff.

Mit Vortragsreisen, umfangreichen Katalogen und an die 30 Gartenbüchern („Winterharte Blütenstauden und Sträucher der Neuzeit“, 1911; „Vom Blütengarten der Zukunft“, 1917) warb Foerster erfolgreich für seine Produkte.

Allerlei Lebensweisheiten, die in seine Publikationen einflossen, brachten ihm den Beinamen „der Weise von Bornim“ ein. „Gutes Mittel übrigens zur Urteilszucht: Man lege sich ein Bündel Trockenblumen hin neben eine leere Vase und stelle bei jeder nicht eingetroffenen Befürchtung, jeder übertroffenen Hoffnung einen Blumenstiel in die Vase und staune, was sich begibt!“

Der ‚Gartenphilosoph' starb am 27. November 1970 im Alter von 96 Jahren in seinem Bornimer Haus und ist auf dem Alten Friedhof in Bornim begraben. ■

Schriftsteller, Offizier (geb. 1777 Brandenburg/Havel – gest. 1843 Berlin)

Potsdam-Sacrow, Krampnitzer Straße 9, „Schloss Sacrow“

Unweit der Heilandskirche am Havelufer liegt das kleine, eher einem brandenburgischen Gutshaus gleichende Schloss Sacrow, das Johann Ludwig Graf von Hordt 1773 anstelle eines alten Ritterguts hatte erbauen lassen. Sein klassizistisches Erscheinungsbild erhielt es erst 1843 im Auftrag >> Friedrich Wilhelms IV. durch Ludwig Persius, gleichzeitig mit der Neugestaltung des Schlossparks durch den Potsdamer Gartendirektor >> Peter Joseph Lenné, der das Gelände durch Sichtbeziehungen malerisch mit den nahe gelegenen Schlössern Klein-Glienicke und Babelsberg, der Pfaueninsel und Potsdam verband.

62 Jahre zuvor verbrachte Friedrich Baron de la Motte Fouqué, dessen Eltern Schloss Sacrow 1781 gekauft hatten, hier sechs glückliche Jahre seiner Kindheit. Sie endeten abrupt, als die Familie 1787 auf ein Gut nahe Fehrbellin übersiedelte, wo wenig später seine geliebte Mutter Luise, geb. von Schlegell, verstarb.

Der romantische Dichter Friedrich de la Motte Fouqué (Gemälde von Wilhelm Hensel, 1818)

Fouqué stammte aus einer in Preußen hochangesehenen adeligen Hugenottenfamilie. Großvater und Vater dienten als Offiziere unter >> Friedrich II., der auch Fouqués Pate war. Als kleiner Junge konnte Fouqué mit einem Fernrohr von Sacrow aus beobachten, wie der preußische König mit seiner Garnison über die Glienicker Brücke nach Potsdam einrückte.

Fouqués privilegierte und behütete Kinderjahre waren getrübt durch furchterregende Fantasien und Träume, wie er in seiner noch heute lesenswerten „Lebensgeschichte“ (1840) berichtet: „Ueberhaupt zieht sich durch alle seine Kindheitserinnerungen [Fouqué spricht von sich in der dritten Person, d. Verf.], so heiter, ja fröhlich meist ihr Vorgrund sich darzustellen pflegt, im Hintergrund irgendein Schatten düstrer Besorgnis vor etwas Feindlichem oder Unheimlichen [...]" – ein autobiografisches Motiv seiner späteren romantischen Dichtungen.

Nach einer kurzen Offizierslaufbahn ließ sich Fouqué 1803 mit seiner zweiten Frau, der Schriftstellerin Caroline von Rochow (1775–1831), auf deren Gut Nennhausen bei Rathenow in der Mark Brandenburg nieder. Er verfasste dort einen Großteil seiner die „holde Ritter- und Feenzeit", Germanentum und christliche Tugenden, Magie und Naturmystik heraufbeschwörenden Romane, Erzählungen, Dramen und Gedichte, durch die er zu einer Hauptfigur der Berliner Romantik und zu einem der populärsten deutschen Schriftsteller seiner Zeit aufstieg.

Schon bald nach seinem Tod war Fouqué vergessen. „[...] das beständige Lob auf den Geburtsadel, die unaufhörliche Verherrlichung des alten Feudalwesens, die ewige Rittertümelei [...]", so >> Heinrich Heine, waren nicht mehr zeitgemäß.

Schloss und Park befinden sich seit 1993 im Besitz der Stiftung Preußische Schlösser und Gärten Berlin-Brandenburg

Fouqués einziges noch heute bekanntes Werk ist die meisterhafte Märchenerzählung „Undine" (1811) – zu seinen Lebzeiten sein größter literarischer Erfolg. ■

König von Preußen (geb. 1712 Berlin – gest. 1786 Potsdam, Schloss Sanssouci)

Potsdam-Sanssouci, Maulbeerallee, „Schloss Sanssouci“

Der Ruhm des bekanntesten preußischen Königs Friedrich II. („der Große“) ist bis heute kaum verblasst. Er gilt als der Prototyp des aufgeklärten Monarchen und Staatsmodernisierers, war Philosoph, Schriftsteller und Musiker.

Seine Kindheit und Jugend waren traumatisch geprägt durch seinen Vater Friedrich Wilhelm I. („Soldatenkönig“), der ihn mit militärischem Drill erzog, misshandelte und demütigte. Erschütternd sind die Folgen seines gescheiterten Fluchtversuchs im Jahr 1730, der, auf Befehl des Vaters, mit seiner Gefangennahme und der Hinrichtung seines Freundes und Mitwissers Hans Hermann von Katte vor seinen eigenen Augen endete.

Nach seinem Regierungsantritt am 31. Mai 1740 setzte Friedrich II. Reformen um, für die er bis heute berühmt ist, darunter die Abschaffung der Folter und die Aufhebung der Zensur. Er sorgte für wirtschaftlichen Aufschwung in Preußen durch die Förderung von Manufakturen (Seiden- und Porzellanproduktion) und die Ansiedlung ausländischer Kolonisten jeder Konfession, weshalb er heute als Musterbeispiel religiöser Toleranz in Preußen gesehen wird.

Ein Meisterwerk des preußischen Rokoko: Schloss Sanssouci – hier ein Blick über die Weinbergterrassen. Friedrich II. prägte den Park von Sanssouci auch mit anderen Bauten, darunter das Neue Palais, in dem er selbst eine Wohnung hatte, die Bildergalerie und die Neuen Kammern, das Chinesische Haus, der Antiken- und der Freundschaftstempel

Die Terrasse von Schloss Sanssouci

Kulturell brachte er ungewohnten Glanz nach Preußen; Berlin und Potsdam ließ er zu repräsentativen Residenzstädten ausbauen. Er verfasste selbst philosophische Werke („Antimachiavell", 1740), schrieb Gedichte sowie das Libretto für die Oper „Montezuma" von Carl Heinrich Graun.

Friedrich II. (Gemälde von Anton Graff, 1781)

Obwohl er den Militarismus seines Vaters zutiefst verachtet hatte, führte Friedrich II. mehrfach Eroberungskriege (Schlesische Kriege I. – III.) und machte Preußen durch Gebietsgewinne zur europäischen Großmacht.

Schloss Sanssouci, zwischen 1744 und 1753 erbaut, war sein Lieblingsschloss und Refugium. Seinem Architekten Georg Wenzeslaus von Knobelsdorff, der schon Schloss Rheinsberg, Friedrichs Kronprinzensitz im Norden der Mark Brandenburg, umgestaltet hatte, lieferte er eigene Ideenskizzen für die Terrassenseite, deren heiteres, südliches Flair mit den Fenstertüren, der hellen Fassade und den Bachantenfiguren von » Friedrich Christian Glume heute weltberühmt ist.

Exquisit sind auch die Innenräume, deren Ausstattung zum Teil original erhalten ist: u.a. der ovale Marmorsaal, das Konzertzimmer und die Bibliothek. Hier musizierte Friedrich mit Philipp Emanuel Bach und Johann Joachim Quantz und versammelte seine ausschließlich aus Männern bestehende Tafelrunde, darunter der französische Philosoph Voltaire, der auf Einladung Friedrichs von 1750 bis 1753 Gast in Sanssouci war. Frauen, auch Friedrichs Gemahlin Königin Elisabeth Christine, wurden nicht eingeladen.

Im Alter gichtkrank und misanthropisch, starb Friedrich II. am 17. August 1786 in seinem Arbeitszimmer in Sanssouci. Nach mehreren Umbettungen wurde er 1991 mit seinen geliebten Windhunden auf der Terrasse des Schlosses bestattet – wie er es ursprünglich gewünscht hatte. ■

FRIEDRICH WILHELM II.

König von Preußen
(geb. 1744 Berlin – gest. 1797 Potsdam)

Potsdam-Neuer Garten, Im Neuen Garten 10, „Marmorpalais“

„Es wird ein lustiges Leben bei Hofe werden. Mein Neffe wird den Schatz verschwenden, die Armee ausarten lassen. Die Weiber werden regieren, und der Staat wird zugrunde gehen.“ Das prophezeite >> Friedrich II. über die Regierung seines Nachfolgers – nicht ganz zu Unrecht. Friedrich Wilhelm II., seit 1786 König von Preußen, war ein Genussmensch, der Theater und Musik liebte, leidenschaftlich Cello spielte und die Dinge gern laufen ließ.

Allerdings begünstigte er neue Kunstrichtungen. In Literatur und Theater wurden nun auch deutschsprachige Werke gefördert – eine Entwicklung, die Friedrich II. mit der Bevorzugung alles Französischen bisher verhindert hatte. Auch in der Architektur wurde das inzwischen etwas altbackene Friderizianische Rokoko durch den Frühklassizismus abgelöst. Sein eigener Sommersitz, das Marmorpalais im Neuen Garten, 1787 von >> Carl von Gontard begonnen und ab 1791 von Carl Gotthard Langhans, dem Architekten des Brandenburger Tors in Berlin, fertig gestellt, ist eines der ersten klassizistischen Schlösser Preußens: Ein quadratischer Kubus mit eingeschossigen Anbauten, die Backsteinfassaden mit dezentem Dekor. Weite Sichten über den von >> Peter Joseph Lenné angelegten Park und den Heiligen See bis zur Pfaueninsel weben die Anlage in die Potsdamer Havellandschaft ein.

Friedrich Wilhelm II. (Gemälde von Anton Graff, um 1792)

Blick über den Heiligen See auf das Marmorpalais, die Sommerresidenz Friedrich Wilhelms II.

Der Nachwelt ist Friedrich Wilhelm II. vor allem durch sein lockeres Liebesleben bekannt. Neben seinen beiden Ehen mit Elisabeth von Braunschweig-Wolfenbüttel, der Lieblingsnichte Friedrichs II. (1769 geschieden) und Friederike Luise von Hessen-Darmstadt, hatte er zwei weitere morganatische Verbindungen und zahllose Affären, aus denen insgesamt 16 Kinder hervorgingen, darunter sein geliebter, achtjährig verstorbener Sohn Alexander von der Mark mit seiner Mätresse » Wilhelmine Gräfin von Lichtenau und der spätere Thronfolger » Friedrich Wilhelm III. mit Königin Friederike.

Im Volk war Friedrich Wilhelm II., bespöttelt als der „dicke Lüderjahn" oder der „dicke Willem" durchaus beliebt, vor allem, weil er bei seinem Regierungsantritt die hohe Steuerlast Friedrichs II. aufhob. Von Meinungsfreiheit allerdings hielt er nichts, er verhängte eine strenge Pressezensur – wohl, um selbst nicht Opfer von Spott und Kritik zu werden. Die Regierungsgeschäfte überließ er seinen Ministern und Günstlingen, darunter dem

Die nach Plänen von Carl Gotthard Langhans erbaute Orangerie im neuen Garten

Rosenkreuzer » Hans Rudolf von Bischoffwerder, auf dessen Landsitz in Marquardt bei Potsdam Séancen veranstaltet wurden, bei denen dem König Geister erschienen sein sollen.

Friedrich Wilhelm II. starb vorzeitig gealtert und an „Wassersucht" erkrankt mit nur 53 Jahren im Marmorpalais. Der zuvor ausgeglichene Staatshaushalt war bei seinem Tod mit hohen Staatsschulden belastet. ■

König von Preußen (geb. 1770 Potsdam – gest. 1840 Berlin)

Potsdam-Innenstadt, Am Neuen Markt 1

Friedrich Wilhelm III. war das Gegenteil seines Vaters >> Friedrich Wilhelm II. Er war, so Heinz Ohff, „schlicht, unauffällig, einfach, unverwöhnt, ein harter Arbeiter", aber auch schüchtern und wortkarg. Seine knappe Ausdrucksweise („mir fatal") war legendär. Den lockeren Lebenswandel seines Vaters verachtete er, bei seiner Thronbesteigung im Jahr 1797 ließ er sogar dessen ehemalige Mätresse >> Wilhelmine Gräfin von Lichtenau verhaften.

Friedrich Wilhelm III. und Königin Luise – ein preußisches Traumpaar (Gemälde von Friedrich Georg Weitsch, 1799)

Halt und Unterstützung fand er an der Seite von Königin Luise, geb. Prinzessin von Mecklenburg-Strelitz, Preußens heißverehrte „Königin der Herzen", die er 1793 geheiratet hatte. Ihre lebensfrohe und gewinnende Art schaffte einen Ausgleich zum scheuen und passiven Charakter des Königs. Sie brachte Glamour an den Hof und beriet ihn klug in politischen Fragen. Mit ihrer großen Familie – zu ihren sieben Kindern gehörten der spätere preußische König >> Friedrich Wilhelm IV. und >> Kaiser Wilhelm I. – lebte das Paar privat nahezu bürgerlich. Ihren ungezwungenen Lebensstil auf ihrem Landsitz Paretz nahe Potsdam (heute als Schlossmuseum öffentlich zugänglich) beschreibt Theodor Fontane voll Sympathie in seinen „Wanderungen durch die Mark Brandenburg". Luises plötzlicher Tod im Alter von nur 34 Jahren war eine der tragischsten Erfahrungen im Leben des Königs.

Die Machtansprüche Napoleons zwangen Friedrich Wilhelm III., der durch und durch friedliebend und in Bündnisfragen sehr unentschlossen war, Besatzung, Flucht, Gebietsverluste und blutige Kriege auf, die mit der Niederlage Preußens gegen die französische Armee 1806 begannen und mit dem Sieg über die Herrschaft Napoleons 1815 endeten.

Mit Friedrich Wilhelm III. setzte auch die Ära der preußischen Reformen ein. Seine Minister Reichsfreiherr vom und zum Stein und Fürst von Hardenberg konzipierten u.a. Agrar-, Verwaltungs- und Städtereformen. Zu den Errungenschaften seiner Zeit zählt auch >> Wilhelm von Humboldts Bildungsreform mit der Gründung der Berliner Universität. Die versprochene Einführung einer Verfassung jedoch setzte Friedrich Wilhelm III. jedoch nicht um, eine strenge Pressezensur schränkte die Meinungsfreiheit ein.

Wie die meisten preußischen Könige förderte er Kunst und Architektur. In seiner Regentschaft entstand, vornehmlich durch den einflussreichen Baumeister Karl Friedrich Schinkel, das klassizistische Berlin: die Neue Wache Unter den Linden, die Friedrichwerdersche Kirche, das Alte Museum und der Schinkel-Pavillon im Charlottenburger Schlosspark.

1824, 14 Jahre nach Luises Tod, heiratete Friedrich Wilhelm III. die 30 Jahre jüngere >> Auguste Fürstin von Liegnitz, mit der er bis zu seinem Tod eine zufriedene, aber kinderlose Ehe führte – wohlwissend, dass ihm seine Luise unersetzlich blieb. ■

Das Geburtshaus von Friedrich Wilhelm III. Das ehemalige barocke Bürgerhaus, ein Werk des Berliner Architekten Friedrich Wilhelm Diterichs aus dem Jahr 1753, gilt auch als Geburtsstätte von >> Wilhelm von Humboldt. Als ehemaliger Sitz des Königlichen Kabinetts wird es heute „Kabinetthaus" genannt

König von Preußen (geb. 1795 Berlin – gest. 1861 Potsdam, Schloss Sanssouci)

Potsdam-Sanssouci, Geschwister-Scholl-Straße 34a, „Schloss Charlottenhof“

Der „Romantiker auf dem Thron“: Friedrich Wilhelm IV. (Fotografie, 1847)

„Ich habe ein Faible für diesen König;/ich glaube, wir sind uns ähnlich ein wenig./Ein vornehmer Geist, hat viel Talent./Auch ich, ich wäre ein schlechter Regent.“ Mit diesen Versen umriss >> Heinrich Heine, ironisch aber treffend, die Persönlichkeit des preußischen Königs.

Friedrich Wilhelm IV., ältester Sohn von >> Friedrich Wilhelm III. und Königin Luise, der 1840 den Thron bestiegen hatte, liebte vor allen Dingen das Schöne. Er holte prominente Künstler wie den Dichter >> Ludwig Tieck oder den Komponisten Felix Mendelssohn Bartholdy an den Hof, förderte die Kunst der Romantik und teilte ihre Mittelalterverklärung.

Mit ‚seinen‘ Künstlern, darunter die Architekten Karl Friedrich Schinkel und Ludwig Persius sowie der Gartendirektor >> Peter Joseph Lenné, leistete er einen entscheidenden Beitrag zur Gestaltung der Potsdamer Kulturlandschaft, die er zu einem romantischen Arkadien ausbauen ließ. Auch das kleine, klassizistische Schloss Charlottenhof im südwestlichen Teil des Sanssouci-Parks ist eine Schöpfung von Schinkel und Lenné, der, wie vielen höfischen Neubauten, Ideenskizzen Friedrich Wilhelms zugrunde lagen. Sein Vater hatte ihm das Grundstück, auf dem damals ein barockes Gutshaus stand, 1825 als Kronprinzensitz geschenkt. Zwischen 1826 und 1829 ent-

Die Terrasse von Schloss Charlottenhof

Königin Elisabeth Ludovika (Gemälde von Joseph Stieler)

stand hier sein Sommersitz – ein bisschen italienisches Paradies, ein bisschen wiedererstandene Antike. Mit bepflanzter Terrasse, berankten Pergolen und ‚Dichterhain' ist die Anlage romantisch mit dem Park Sanssouci verwoben. Das berühmte, ganz in blau-weißen Streifen gehaltene sog. Zeltzimmer gehört zu den originellsten Raumgestaltungen Schinkels.

Als Regent war Friedrich Wilhelm IV. schwach und passte nicht richtig in seine Zeit. Er sehnte sich nicht nur künstlerisch, sondern auch politisch ins Mittelalter zurück, hielt an einer „Ritter- und Ständeromantik" fest und betrachtete sich als „König von Gottes Gnaden".

Aufgang zur Terrasse

Eine unrühmliche Rolle spielte er während der Berliner Märzrevolution von 1848, die er blutig niederschlagen ließ. Die vom Volk immer drängender geforderte Verfassung hatte er verweigert, zeigte aber später durch seine Verneigung vor den Märzgefallenen und seinen Aufruf „An meine lieben Berliner" sein Entgegenkommen. 1849 erließ er eine eigene Verfassung, die zwar liberale Konzessionen enthielt, die königliche Macht jedoch nicht in Frage stellte. Die ihm angetragene deutsche Kaiserkrone mit dem „Ludergeruch nach Revolution", so Friedrich Wilhelm IV., lehnte er ab.

Von mehreren Schlaganfällen gezeichnet, übergab er die Regierungsgeschäfte im Herbst 1858 an seinen jüngeren Bruder, den späteren Kaiser >> Wilhelm I.

Bestattet ist Friedrich Wilhelm IV. in der Friedenskirche, deren Bau am östlichen Rand des Sanssouci-Parks er selbst angeregt hatte. Neben ihm ruht Königin Elisabeth Ludovika, eine bayerische Prinzessin, mit der er seit 1823 kinderlos verheiratet war. ■

Schauspieler
(geb. 1902 Hannover – gest. 1987 Lugano)

Potsdam-Babelsberg, Karl-Marx-Straße 8

Als Freder Fredersen in Fritz Langs weltberühmten Stummfilm „Metropolis" (1927) wurde Gustav Fröhlich bekannt. Im Gegensatz zu vielen seiner Kollegen schaffte er mühelos den Sprung zum Tonfilm und wurde mit mehr als 40 Unterhaltungsstreifen, darunter „Die Nacht der großen Liebe" (1933), „Herz geht vor Anker" (1940) oder „Tolle Nacht" in der Regie von Theo Lingen (1943), einer der populärsten UFA-Schauspieler der NS-Zeit.

Auch privat machte er Schlagzeilen: Nach der Scheidung von seiner jüdischen Ehefrau, der Operettensängerin Gitta Alpar (1903–1991), die bald nach der NS-Machtergreifung nach Ungarn zurückkehrte, lebte er mit dem tschechischen Filmsternchen Lída Baarová (1914 – 2000) zusammen, die gleichzeitig eine Affäre mit NS-Propagandaminister Goebbels hatte. Das damals kursierende Gerücht, er habe Goebbels deswegen geohrfeigt, woraus der Volksmund den Satz „Ich möchte auch mal fröhlich sein" ableitete, dementierte der Schauspieler später in seinen Memoiren.

Gustav Fröhlich, 1929

Fröhlich, der zu den Großverdienern seiner Branche gehörte, besaß Villen in Berlin-Zehlendorf, auf der Berliner Halbinsel Schwanenwerder und seit 1939 im brandenburgischen Bad Saarow. Das Haus in der Villenkolonie Neubabelsberg mietete er bei Dreharbeiten in den Babelsberger Filmstudios. ■

Fröhlichs Wohnsitz bei Dreharbeiten in den Babelsberger UFA-Studios

Stravinsky und Furtwängler (hinten) am Piano

Wilhelm Furtwängler wurde nach Kapellmeisterstationen in Zürich, München, Straßburg, Lübeck und Mannheim 1922 Leiter der legendären Berliner Philharmoniker, mit denen er auf zahlreichen Auslandstourneen große Erfolge feierte. Nicht zuletzt durch seine faszinierende persönliche Ausstrahlung auf Musiker und Publikum stieg er zum Dirigenten von Weltruf auf.

Dirigent, Komponist (geb. 1886 Berlin – gest. 1954 Ebersteinburg bei Baden-Baden)

Potsdam-Sanssouci, Geschwister-Scholl-Straße 36, „Fasanerie“

1934 trat er aus Protest gegen die Diffamierung jüdischer Kollegen zwar von seinem Posten als Philharmonie-Direktor zurück, blieb aber als Star-Dirigent ein ‚musikalisches Aushängeschild' des NS-Regimes – nicht nur aus politischem Opportunismus: Furtwängler war auch auf die Konzerthonorare angewiesen, denn er hatte mehrere uneheliche Kinder und seit 1943 außerdem seine Frau Elisabeth, geb. Ackermann, eine junge Witwe mit vier Kindern, zu versorgen.

Den malerisch gruppierten Bau schuf Ludwig Persius 1842 bis 1844 als Fasanenzwinger und Wohnhaus des Fasaneriemeisters, aber auch als ‚italienische' Architekturstaffage innerhalb des Sanssouci-Parks

Wenn er in Berlin konzertierte, bewohnte er „eine kleine Etage in der sogenannten Fasanerie [...].“ Sie bestand aus drei Zimmern „[...] aus den Bogenfenstern des Esszimmers sah man über eine weite grüne Wiesenfläche, die von alten Bäumen eingeschlossen war, auf die weißen Säulen des Freundschaftstempels [...].“ Furtwängler hatte die idyllisch gelegene Wohnung, einst Wohn- und Verlagssitz von Irmgard Kiepenheuer, der Ex-Frau des Verlegers >> Gustav Kiepenheuer, um 1930 übernommen und nutzte sie bis in die 1940er-Jahre. ■

Physiker (geb. 1882 Neustadt/ Weinstraße – gest. 1945 Potsdam)

Potsdam-Babelsberg, August-Bier-Straße 9

„Schwerer Verlust für die Universität – Prof. Dr. Geiger geht nach Berlin", meldete die „Tübinger Chronik" am 2. Juli 1936. Im Oktober desselben Jahres wurde Hans Geiger Direktor des Physikalischen Instituts der Technischen Universität Berlin-Charlottenburg, ließ sich aber nicht in Berlin nieder, sondern bezog das ruhig gelegene Haus in der Potsdamer Villenkolonie Neubabelsberg.

Erfinder des „Geigerzählers": der Physiker Hans Geiger

Geiger war ein international angesehener Kernphysiker. Über Fachkreise hinaus bekannt wurde sein Name durch den mit seinem Schüler Erwin Wilhelm Müller entwickelten „Geigerzähler" (1928) – das berühmte knatternde Messinstrument zum Nachweis radioaktiver Strahlung. Über seine Forschungen hinaus galt er als faszinierender Vermittler physikalischer Themen, die er in seinen Vorlesungen durch selbst vorgeführte Experimente mitreißend zu veranschaulichen verstand.

Privates ist über Geiger nur wenig bekannt, denn so „[...] gerne er über Physik sprach", stellte ein Kollege rückblickend fest, „so selten gestattete er einen Blick in sein persönliches Leben."

Bereits schwer erkrankt, musste er sein Babelsberger Haus auf sowjetischen Befehl bei Kriegsende verlassen und starb am 24. September 1945 – möglicherweise an Blutkrebs, verursacht durch radioaktive Strahlung, deren Gefährlichkeit damals noch unterschätzt wurde.

Bestattet ist Geiger auf dem Neuen Potsdamer Friedhof. ■

Das Wohnhaus von Hans und Elisabeth Geiger von 1936 bis 1945

Bildhauer
(geb. 1714 Berlin – gest. 1752 Berlin)

Potsdam-Holländisches Viertel, Mittelstraße 25

„Er ist fast gar zu emsig gewesen und hat dadurch seinen frühen Tod sehr befördert", bemerkte ein Zeitgenosse, als Friedrich Christian Glume am 6. April 1752 im Alter von nur 38 Jahren starb.

Glume, der sein Handwerk bei seinem Vater Johann Georg, einem Mitarbeiter des Berliner Schlossbaudirektors Andreas Schlüter, gelernt hatte, kam 1744 als einer der zahlreichen Hofbildhauer » Friedrichs II. nach Potsdam.

Friedrich Christian Glume (Radierung seines Bruders Johann Gottlieb Glume, um 1745)

In seinem Spezialgebiet, der Steinbildhauerei, zählt er zu den bedeutenden Figurenbildhauern des preußischen Rokoko, besonders durch seine hervorragende Bauplastik für die Bauten von Georg Wenzeslaus von Knobelsdorff, mit dem er schon seit 1737 am Schloss Rheinsberg, Friedrichs Kronprinzensitz, eng zusammengearbeitet hatte.

In Potsdam schuf er monumentale Skulpturen, als Bau- oder freistehende Parkdekorationen, sowie Tür- und Wandschmuck, u.a. für das Stadtschloss. Zu seinen markantesten Werken gehören die Portalfiguren der Französischen Kirche am Bassinplatz (1752), die Pferdebändiger und Reiter auf der Attika des Marstalls (heute Filmmuseum) oder die Statuen des Musenrondells im Park von Sanssouci.

Seine beste und berühmteste Arbeit sind die Bacchantenhermen an der Gartenfront des Schlosses Sanssouci (1745–1747), die das heitere Flair der Architektur Knobelsdorffs aufs Schönste abrunden. ■

Das Reihenhäuschen (Mitte) erwarb Glume 1746, verkaufte es aber bereits fünf Jahre später an den Bauinspektor Hildebrandt, möglicherweise, um mit seiner Frau Charlotte Dorothea Cupcovius und Sohn Johann George nach Berlin zu ziehen

Architekt
(geb. 1731 Mannheim – gest. 1791 Breslau)

Potsdam-Holländisches Viertel, Benkertstraße 16

Preußens Star-Architekt Carl von Gontard begann sein Berufsleben mit einer Ballettausbildung und war kurzzeitig Ballettmeister an der Bayreuther Oper, bevor er 1750 in das Hofbauamt Bayreuth eintrat und dort als Architekt Karriere machte – protegiert durch Markgraf Friedrich von Bayreuth und seine Frau Wilhelmine, die ihn zur Weiterbildung nach Paris und Italien schickten. 1758 heiratete Gontard eine ehemalige Kammerfrau der Markgräfin, Martha Sophia Friederica Erckert, mit der er sechzehn Kinder hatte, von denen sieben früh starben.

Carl von Gontard (anonymer Maler, Potsdam Museum)

Nach dem Tod des Markgrafen 1764 siedelte er, wie viele Bayreuther Künstler, unter ihnen der Architekt >> Georg Christian Unger und die Bildhauer-Brüder >> Räntz, nach Preußen über, um in den Dienst >> Friedrichs II. zu treten, der fähige Architekten und Künstler zum Ausbau seiner Residenzstädte Berlin und Potsdam suchte. Zwischen dem Markgrafentum Bayreuth und Preußen gab es seit langem beste Verbindungen, da die bereits 1758 verstorbene Markgräfin Wilhelmine die Lieblingsschwester des preußischen Königs war.

Seit dem Tod von Georg Wenzeslaus von Knobelsdorff (1699–1753), dem Erbauer von Schloss Sanssouci, kam mit Gontard erstmals wieder ein bedeutender, innovativer Architekt an den preußischen Hof. Als Leiter des Potsdamer Baukontors gestaltete er die Stadt mit Unger und weiteren Schülern nach den Vorstellungen des Königs um und prägte die Straßenzüge mit einem eleganten spätbarocken Klassizismus, der den üppigen, plastischen Barock mit einer strengeren Formensprache verband.

Eines seiner Großprojekte war die Verschönerung der Innenstadt mit einer großen Reihe bürgerlicher Wohnhäuser – auf Wunsch Friedrichs II.

vielfach mit repräsentativen Palastfassaden wie das Haus für den königlichen Glasschleifer Brockes in der Yorckstraße 18–20 (1776).

Zu Gontards prominentesten Potsdamer Bauten gehören das Militärwaisenhaus in der Lindenstraße (1771–1777) sowie die monumentalen Communs (Wirtschaftsgebäude des Neuen Palais), der Antiken- und der Freundschaftstempel (1768/69) und das chinesische Drachenhaus (1770–1772) im Park von Sanssouci.

Trotz seiner großen Leistungen bekam auch Gontard den misstrauischen Charakter des Königs zu spüren, der seine Künstler und Architekten immer wieder verdächtigte, sich durch erhöhte Rechnungen zu bereichern. „[...] wenn er stehlen will", ließ er Gontard angesichts der Kostenaufstellung für eine Kaserne wissen, „so werden höchstdieselben die Sache durch einen anderen machen lassen." Auf bloßen Verdacht hin erhielt Gontard mehrere Wochen Hausarrest, nur sein schlechter Gesundheitszustand bewahrte ihn vor Gefängnishaft. Dennoch schätzte Friedrich II. seinen Baumeister so sehr, dass er ihn selbst nach dem Einsturz des Turms des Deutschen Doms am Berliner Gendarmenmarkt, den Gontard entworfen hatte, nicht entließ. ■

Gontard baute sich kein eigenes Haus, sondern kaufte 1777 das Reihenhaus im Holländischen Viertel (Mitte). Auf dem leider nicht zugänglichen hinteren Grundstücksteil befindet sich ein von ihm errichteter Gartenpavillon

Herbert M(ax) GUTMANN

Bankier
(geb. 1879 Dresden – gest. 1942 Paignton/ Devonshire, Großbritannien

Potsdam-Nauener Vorstadt, Bertinistraße 16

Herbert M. Gutmann wäre gern Kunsthändler geworden, folgte aber seinem Vater, dem Gründer der Dresdner Bank Eugen Gutmann (1840–1925), ins Bankgeschäft. Sein späterer Posten als Direktor der Deutschen Orientbank jedoch ermöglichte ihm zahlreiche Auslandsreisen, auf denen er seiner Kunstleidenschaft nachgehen und eine umfangreiche Sammlung zusammentragen konnte. Gutmann sammelte islamische und ostasiatische Kleinkunst, persische Teppiche, flämische Tapisserien sowie französische und niederländische Gemälde, zu deren besonderen Schätzen die „Krönung Marias", eine Ölskizze von Rubens gehörte. Er saß auch in der Sachverständigenkommission der von >> Friedrich Sarre gegründeten Islamischen Abteilung des Berliner Kaiser-Friedrich-Museums, die über Neuerwerbungen entschied.

Vergangene Pracht: Gutmanns „Herbertshof". Der sanierungsbedürftige Bau gehört heute der Schauspielerin Nadja Uhl

Gutmann, der mit Ehefrau Daisy und den drei gemeinsamen Kindern eine Berliner Stadtwohnung im Blücherpalais am Pariser Platz besaß (nicht erhalten), pachtete den im Kern aus dem 18. Jahrhundert stammenden Potsdamer „Herbertshof" 1913 von seinem Onkel Ernst Heller, kaufte ihn sechs Jahre später und ließ ihn durch den Architekten Reinhold Mohr nach und nach zu einem luxuriösen Landsitz ausbauen.

Neben den zeittypischen Gesellschaftssälen und Salons gab es ein japanisches und ein chinesisches Zimmer sowie eine ovale Bibliothek, derjenigen von » Friedrich II. in Schloss Sanssouci nachempfunden. Immer wieder benötigte Gutmann neuen Platz für seine anwachsende Kunstsammlung. 1921 entstand ein Anbau für die Unterbringung des „Arabicums", einer kostbaren hölzernen Wandvertäfelung, die er in Damaskus erworben hatte; es soll sich noch heute im „Herbertshof" befinden. Mit dem Einbau eines Dampfbades und einer ebenfalls noch erhaltenen Turnhalle im expressionistischen Stil hielt die Moderne Einzug in Gutmanns Besitz.

Herbert M. Gutmann, 1922

In diesem extravaganten Ambiente, das neben einem großzügigen Garten, auch über einen Tennisplatz und ein Bade- und Bootshaus am Ufer des Jungfernsees verfügte, empfing der weltgewandte jüdische Bankier illustre Gäste aus Hochfinanz und High Society, Diplomatie und Politik, darunter der mit ihm befreundete Reichsaußenminister der Weimarer Republik Gustav Stresemann und der irakische König Faisal I.

1933 gab Gutmann den kostspieligen „Herbertshof" auf und zog in die kleinere, in der Bertinistraße 9 gelegene „Villa Alexander" (auch „Villa Jacobs"), ein schöner klassizistischer Bau von Ludwig Persius aus dem Jahr 1836 (1981 abgerissen, Neubau 2008), den er bereits 1919 für seine Schwägerin gepachtet hatte.

Nach einer Italienreise ließ sich Gutmann Ende 1936 in London nieder; ein Berliner Freund hatte ihm geraten „wegen des schlechten Wetters" nicht nach Deutschland zurückzukehren. Den „Herbertshof" konnte er 1939 mit Verlust verkaufen; seine Kunstsammlung hatte er bereits 1934 versteigern lassen. ■

Arzt, Zoologe
(geb. 1834 Potsdam – gest. 1919 Jena)

Potsdam-Innenstadt, Yorckstraße 7

In dem Haus am früheren Stadtkanal wurde Ernst Haeckel als Sohn des Regierungsrats Carl Gottlob Haeckel am 16. Februar 1834 geboren. Bereits 1835 siedelte die Familie nach Merseburg über, wohin der Vater versetzt worden war.

Haeckel, der sich von Kindheit an leidenschaftlich für naturgeschichtliche Themen interessierte, war auf Wunsch des Vaters zunächst Arzt geworden, hatte sich aber schon während seines Medizinstudiums der Zoologie zugewandt und sich mit meeresbiologischen Forschungen einen Namen gemacht, sodass er 1865 erster ordentlicher Professor für Zoologie und Direktor des Zoologischen Museums in Jena wurde.

Der ‚deutsche Darwin': Ernst Haeckel

Bekannt wurde er vor allem als führender deutscher Anhänger der Evolutionstheorie Charles Darwins (1809–1882), der durch seine revolutionäre Lehre von der Entstehung und Abstammung der Arten, das „unbegreifliche Wunder" der Schöpfung, so Haeckels Auffassung, „durch [...] das begreifliche Naturgesetz" widerlegt hatte.

Ein barockes Typenhaus aus der Zeit Friedrich Wilhelms I.: Das Geburtshaus von Ernst Haeckel. Eine Gedenktafel über dem Eingang erinnert an den berühmten Zoologen

Mit seinem Wirken trug Haeckel entscheidend zur Verbreitung der Darwinschen Erkenntnisse bei. Wie Darwins Schriften wurden auch Haeckels Bücher, darunter „Die Welträtsel" (1899) und „Die Lebenswunder" (1904), nicht nur von kirchlicher Seite, sondern auch von konservativen Fachkollegen immer wieder heftig attackiert. ■

Diplomat, NS-Widerstandskämpfer (geb. 1881 Anklam/ Mecklenburg-Vorpommern– hingerichtet 8.9.1944 Berlin-Plötzensee)

Potsdam, Berliner Vorstadt, Seestraße 35–37, ehem. „Villa Kameke“

„[...] angewidert von Hitlers Kriegs-Sucht, Sadismus und Unmoral“, so die New York Times am 12. Oktober 1947, hatte sich Ulrich von Hassell schon früh zum Widerstand gegen das NS-Regime entschlossen und sich maßgeblich an den Staatsstreichplänen vom 20. Juli 1944 beteiligt.

Er war 30 Jahre lang Diplomat gewesen, u.a. als Generalkonsul in Barcelona, Gesandter in Kopenhagen und zuletzt als Botschafter in Rom, bis er Anfang 1938 verabschiedet wurde. Sein humanes, christlich-konservatives Weltbild ließ sich nicht länger mit der menschenverachtenden NS-Ideologie vereinbaren.

Seit 1943 arbeitete er im Berliner Institut für Wirtschaftsforschung, mit Wohnung in der Fasanenstraße 28, die Ende 1943 durch einen Bombenangriff weitgehend zerstört wurde. Die Potsdamer Villa seines Freundes Karl Otto von Kameke (1889–1959), damals Senatspräsident am Preußischen Oberverwaltungsgericht, diente ihm als Ausweichquartier.

Ulrich von Hassell, Anfang der 1940er-Jahre. Ein „deutscher Edelmann vom Scheitel bis zur Sohle“, so nannte ihn der Diplomat Gottfried von Nostitz-Drzewiecki

Von Hassell, der auf zahlreichen Auslandsreisen versucht hatte, mit westlichen Regierungen über einen Friedensschluss zu verhandeln und nach Stauffenbergs Hitler-Attentat Außenminister werden sollte, bezahlte seinen mutigen Einsatz gegen die Nazi-Diktatur mit dem Leben. Wie viele Gleichgesinnte, darunter Graf >> von Schwerin von Schwanenfeld und >> Carl-Heinrich von Stülpnagel wurde er in Berlin-Plötzensee gehängt. ■

Am Ufer des Heiligen Sees, gegenüber dem Marmorpalais von >> Friedrich Wilhelm II., liegt die neoklassizistische Villa Kameke, die der Architekt Paul Renner 1908 erbaute. Seit den 1920er-Jahren war sie Eigentum des Verwaltungsrichters Karl Otto von Kameke. Heute gehört sie dem Modeschöpfer Wolfgang Joop

Dichter
(geb. 1797 Düsseldorf – gest. 1856 Paris)

Potsdam-Innenstadt, Friedrich-Ebert-Straße 121

Heinrich Heine in Potsdam? Der berühmte Dichter hatte hier keinen dauerhaften Wohnsitz, suchte in Potsdam aber ein Vierteljahr Ruhe zum Schreiben.

Bereits am 23. Februar 1829 aus Hamburg in Berlin eingetroffen, siedelte er am 17. April nach Potsdam über und mietete eine Unterkunft in der Friedrich-Ebert-Straße, die damals noch Hohewegstraße hieß. Bis zu seiner Rückkehr nach Hamburg Mitte Juli desselben Jahres blieb er dort wohnen.

Hier wollte er sich auf seine neuen Schriften konzentrieren, denn in Berlin lenkten ihn Gesellschaften und Besuche in den literarischen Salons zu sehr ab. Aus seiner Studentenzeit – Heine hatte von März 1821 bis Januar 1823 an der heutigen Humboldt-Universität studiert – besaß er alte Kontakte, und auch als Autor der „Harzreise" (1824), der „Reisebilder" (1826/27) und seiner Gedichte im „Buch der Lieder" (1827) war er in der Kulturszene der preußischen Hauptstadt kein Unbekannter mehr.

In dem von >> Carl von Gontard erbauten Haus (Mitte), in unmittelbarer Nähe des Neuen Marktes, lebte Heine vom 17. April bis Mitte Juli 1829 zur Untermiete. Links angrenzend das „Acht-Ecken-Haus" von >> Georg Christian Unger aus dem Jahr 1774

In Potsdam hatte er, bis auf einige Offiziere, die „bey mir gelandet [...] sind", und „eine Damengesellschaft" von „dicken Potsdamerinnen", in die er im Neuen Garten geriet, weit weniger Ablenkungen und persönlichen

Umgang. Ich „[...] mache mich jetzt aufs neue an die italienische Reise, die den dritten Teil der ‚Reisebilder' füllen soll und worin ich mit allen Feinden Abrechnung halten will. Ich habe mir eine Liste gemacht von allen denen, die mich zu kränken gesucht, damit ich bei meiner jetzigen weichen Stimmung keinen vergesse [...]", schrieb Heine, ebenso verletzlich wie streitbar, am 30. Mai 1829 an seine Freundin Friederike Robert.

Heinrich Heine (Federzeichnung von Ludwig Grimm, 1827)

Ein Besuch seines Hamburger Verlegers änderte seine literarischen Pläne, denn Julius Campe hatte ihm die Komödie „Der romantische Ödipus", ein neues Stück seines Dichterkollegen August Graf von Platen mitgebracht, in dem Heine zum wiederholten Mal antisemitisch angegriffen wurde. Statt es „allen Feinden" heimzuzahlen, rächte sich Heine in „Die Bäder von Lucca", die Ende 1829 als Teil der „Reisebilder III" erschienen, mit einer bissigen Platen-Polemik und machte dessen Homosexualität öffentlich. „Jetzt, wie immer bei Exekutionen", schrieb er rückblickend an den Berliner Schriftsteller Karl August Varnhagen von Ense, „kommt das Mitleid, und ich hätte ihn nicht so stark treffen sollen. Ich sehe aber nicht ein, wie man jemand gelinde umbringen kann."

Mit seinen Reisebeschreibungen, Essays, Gedichten, Liedern und Balladen in seinem einzigartigen Tonfall aus Witz und Ironie, Romantik und Wehmut war Heine so erfolgreich, dass er als einer der ersten Literaten als freier Schriftsteller leben konnte, wenngleich er immer wieder auf die Unterstützung seines schwerreichen Onkels, des Hamburger Bankiers Salomon Heine, angewiesen war, der über seinen Neffen sagte: „Hätt' er gelernt was Rechtes, müsst er nicht schreiben Bücher."

Arzt, Physiologe, Physiker (geb. 1821 Potsdam – gest. 1894 Berlin)

Potsdam-Holländisches Viertel, Friedrich-Ebert-Straße 30

Hermann von Helmholtz kam am 31. August 1821 in Potsdam zur Welt, ob am Platz der Einheit 14 (im Zweiten Weltkrieg zerstört) oder in der Wilhelm-Staab-Straße 8 (rekonstruiert), ist heute nicht mehr nachweisbar. Er entstammte einer nicht sonderlich wohlhabenden bildungsbürgerlichen Familie; den Adelstitel erhielt er erst 1883.

Sein Vater unterrichtete Deutsch und Philosophie am Potsdamer Gymnasium, das auch Helmholtz, der Älteste von zwei Schwestern und drei Brüdern, besuchte, wenngleich er ein mittelmäßiger Schüler war und sich mehr für Physik als den Schulunterricht interessierte.

Er las lieber die physikalischen Lehrbücher aus der häuslichen Bibliothek, experimentierte mit Säuren und baute bereits damals optische Instrumente.

An der Berliner „Pepinière", einem Institut zur Ausbildung von Militärärzten, konnte er kostenlos Medizin studieren, war aber danach zu achtjährigem Militärdienst verpflichtet. Seit 1843 diente er als Escadronchirurgus im Königlichen Garde-Husaren-Regiment sowie am Königlichen Regiment der Garde-du-Corps in

Das 1732 erbaute barocke Typenhaus neben dem Café Heyder bewohnte Helmholtz in den 1840er-Jahren als junger Militärarzt

Einer der vielseitigsten Naturwissenschaftler seiner Zeit: Hermann von Helmholtz

Potsdam, bis ihm 1849 – zwei Jahre vor Ablauf seiner Militärzeit – mit der Berufung zum außerordentlichen Professor für Physiologie an die Universität Königsberg der Sprung in eine große wissenschaftliche Karriere gelang.

1855 wechselte er nach Bonn und 1858 an die Universität Heidelberg. 1871 kam Helmholtz als Nachfolger von Heinrich Gustav Magnus nach Berlin – mit seiner Frau Anna, geb. von Mohl (1834–1899), und den drei gemeinsamen kleinen Kindern. Seine erste Ehefrau Olga, geb. von Velten, mit der er zwei inzwischen erwachsene Kinder hatte, war bereits 1859 verstorben.

Helmholtz war einer der vielseitigsten Naturwissenschaftler des 19. Jahrhunderts. Er „umfasste in Forschung und Lehre nahezu vollständig die Physiologie und Physik seiner Zeit. Zudem lieferte er philosophische Analysen der Mathematik und der Naturwissenschaft und hatte zuletzt als Wissenschaftsorganisator eine führende Position inne." (Deutsche Biographische Enzyklopädie) Seine Hauptfachgebiete waren die physiologische Optik und Akustik. Er erforschte das Sehen und Hören des Menschen, u.a. das Farbensehen, die Farbenzerlegung und den Hörmechanismus und beschäftigte sich mit musikalischer Harmonie. Über Fachkreise hinaus bekannt wurde er durch die Erfindung des Augenspiegels zur Untersuchung des Augenhintergrunds (1850).

Helmholtz verfasste zahlreiche Fachbücher („Handbuch der physiologischen Optik", 1867; „Lehre von den Tonempfindungen als physiologische Grundlage für die Theorie der Musik", 1863), aber auch philosophische Schriften wie „Das Denken in der Naturwissenschaft".

Hochgeehrt starb er am 8. September 1894 in Berlin; zur Gedächtnisfeier in der Singakademie kam sogar Kaiser Wilhelm II. ■

Hofgärtner Friedrichs II. (geb. 1716 Klein-Glienicke/heute zu Potsdam – gest. 1794 Potsdam)

Potsdam-Nauener Vorstadt, Friedrich-Ebert-Straße 83

Wie seinen Vorleser >> Henri Alexandre de Catt hatte >> Friedrich II. seinen Hofgärtner Joachim Ludwig Heydert auf seiner ‚Inkognito'-Reise durch Holland kennen gelernt. Er traf ihn erstmals im Juni 1755 bei einem Besuch des Landsitzes Tulpenburg, eine seinerzeit viel besuchte Sehenswürdigkeit, an der Heydert, ein Sohn des ehemaligen brandenburgisch-kurfürstlichen Hofgärtners Martin Ludwig Heydert (1656–1728), seit 1739 als Gärtner arbeitete – in bestem Einvernehmen mit der Besitzerfamilie, die seine berufliche Weiterbildung großzügig gefördert hatte.

Der preußische König, fasziniert vom modernen Standard der Gartenanlagen, von den Wasserkünsten und Grottierarbeiten, wollte Heydert sofort nach Potsdam abwerben – zur Anlage eines Gartens im holländischen

Heyderts Wohnhaus wurde 1845 im Auftrag seines Sohnes Martin Ludwig Heydert durch Ludwig Ferdinand Hesse zu einer ‚italienischen' Villa umgebaut. Die Skulpturen und Kunstschmiedearbeiten im Garten stammen aus der Sammlung des Architekten Sigismund Thiemann, der die Villa 1921 kaufte. Heute gehört sie der Stiftung Preußische Schlösser und Gärten Berlin-Brandenburg

Stil, der einen „aparten Gärtner erforderte". Heydert entschied sich wohl erst auf Anraten seines Dienstherren, einem „so großen, gnädigen und weisen Könige, der in diesem saeculo wohl der weiseste Regente auf Erden ist, zu dienen" und traf Ende Mai 1756 in der preußischen Residenz ein.

Hier war er u.a. für die Pflege des Lustgartens am Potsdamer Stadtschloss (zerstört) sowie den Einkauf exotischer Pflanzen und Bäume für den Park Sanssouci zuständig. Seinen eigentlichen Auftrag, die Anlage des Holländischen Gartens – vor der Bildergalerie in Sanssouci – verzögerte der Siebenjährige Krieg. Er wurde erst 1764 angelegt (Mitte des 19. Jahrhunderts umgestaltet), die obere Marmorterrasse wurde zwischen 1763 und 1766 grottiert.

Zwischenzeitlich sah sich Heydert gezwungen, u.a. von dem Berliner Bankier Veitel Heine Ephraim, auch Privataufträge anzunehmen, um sein Einkommen aufzubessern. Mit dem notorisch sparsamen König musste er wiederholt um Honorare und Materialpreise feilschen, die Gestaltung des Grottensaals im Neuen Palais im westlichen Parkteil von Sanssouci lehnte er wegen zu schlechter Bezahlung sogar ab.

1764 kaufte Heydert das Grundstück in der heutigen Friedrich-Ebert-Straße nahe dem Nauener Tor – der Schritt in eine unabhängige Existenz. Mit großem Erfolg betrieb er dort eine Baumschule und eine „Blumisterei" samt Treib- und Ananashaus, woraus auch Friedrich II. immer wieder Blumen und Früchte bezog.

Flötespielender Putto im Garten

Das darauf befindliche Wohnhaus, ursprünglich ein zweigeschossiger Fachwerkbau, war bereits um 1733 für einen Hofrat errichtet worden. Wann Heydert selbst dort lebte, ist nicht bekannt, zumal ihm der König, im Schenken überraschend freigiebig, 1765 das Haus in der Lindenstraße 43 überließ.

Belegt jedoch ist, dass der 70-jährige Heydert 1787 „im Hause vor dem Thor" in dritter Ehe die erst 27 Jahre alte Maria Dorothee Elisabeth Dames heiratete, mit der er eine „vergnügte Ehe" führte, bis er 1794 als wohlhabender und angesehener Potsdamer Bürger starb.

Wie weitere Mitglieder seiner Familie wurde Heydert in der Kirche am Stölpchensee in Berlin-Wannsee beigesetzt. ■

Schauspielerin (geb. 1911 Berlin – gest. 1988 Hamburg)

Potsdam-Babelsberg, Johann-Strauß-Platz 11

Brigitte Horney gehörte neben >> Marika Rökk zu den wenigen UFA-Stars, die in der Villenkolonie Neubabelsberg ein eigenes Haus erwarben, während sich die Mehrzahl ihrer Kolleginnen und Kollegen nur bei Dreharbeiten in den Babelsberger Filmstudios in eine der attraktiven Villen einmieteten.

Horneys ehemaliger Wohnsitz gehört in seiner schlichten Eleganz zu den architektonisch besten Bauten, die hier nach dem Ersten Weltkrieg entstanden. Die Villa wurde 1921/22 nach Entwürfen des prominenten Berliner Landhausarchitekten Hermann Muthesius im Auftrag des Seidenfabrikanten Fritz Gugenheim erbaut – als Hochzeitsgeschenk für seinen Sohn Hans, dessen Initialen HG sich noch heute am schmiedeeisernen Grundstückstor befinden. Horney kaufte die Villa 1938, die jüdischen Gugenheims waren bereits 1936 emigriert. Sie lebte hier mit dem russischstämmigen Kameramann Konstantin Irmen-Tschet (1902–1977) zusammen, mit dem sie seit 1940 verheiratet war, hielt sich aber während des Zweiten Weltkriegs aufgrund einer Tuberkuloseerkrankung lange in Schweizer Sanatorien auf.

Als Katharina II. mit Hans Albers in „Münchhausen", 1943

Horney, die Tochter eines Berliner Anwalts und Unternehmers, hatte in ihrer Geburtsstadt eine Schauspielausbildung absolviert und bereits verschiedene Engagements an deutschen Theatern hinter sich, als sie ihre Filmkarriere bei der UFA begann. Sie spielte vor allem in Krimis, Liebesromanzen und exotischen Abenteuerstreifen, in denen sie eigenständige, rätselhafte Frauen verkörperte, die ihrem ernsten, ruhigen Charakter und ihrem markanten dunklen Äußeren entsprachen. Großen Erfolg hatte sie als Hafenmädchen Rubby in „Liebe, Tod und Teufel" (1934), in dem sie ihren berühmten Chanson „So oder so ist das Leben" sang. An der Seite von Hans Albers spielte sie Zarin Katharina die Große in „Münchhausen" (1943), einem aufwändigen UFA-Farbfilm, für den ihr

Mann die Kamera führte. Der von den NS-Behörden mit Schreibverbot belegte Schriftsteller Erich Kästner verfasste unter dem Pseudonym Berthold Bürger das Drehbuch – als Untermieter in Horneys Villa.

Die Schauspielerin ließ sich auch für NS-Kriegspropagandafilme verpflichten, war aber, wie viele Künstler im „Dritten Reich", keine wirklich überzeugte Nationalsozialistin. Courage zeigte sie durch den offiziell verbotenen Besuch der Beerdigung ihres Kollegen Joachim Gottschalk, der sich, von NS-Propagandaminister Goebbels in die Enge getrieben, zusammen mit seiner Ehefrau, der jüdischen Schauspielerin Meta Wolff, und dem gemeinsamen Sohn Michael im November 1941 das Leben genommen hatte.

Nach dem Zweiten Weltkrieg lebte Horney in der Schweiz und in New York, kehrte aber Anfang der 1970er-Jahre in die Bundesrepublik Deutschland zurück, wo ihr u.a. in den TV-Serien „Das Erbe der Guldenburgs" und „Jakob und Adele" ein Comeback gelang. ■

Die ehemalige Horney-Villa

Politiker, Diplomat, Gelehrter (geb. 1767 Potsdam – gest. 1835 Schloss Tegel/heute zu Berlin)

Potsdam-Innenstadt, Am Neuen Markt 1

Dass Wilhelm von Humboldt, als Politiker und Gelehrter eine der großen Persönlichkeiten Preußens, hier am 27. Juni 1767 geboren wurde, ist nicht belegt, wird jedoch allgemein angenommen.

Der Bau diente dem späteren preußischen König >> Friedrich Wilhelm II. damals als Kronprinzenwohnung. Humboldts Vater Alexander Georg (1720–1779) gehörte als Kammerherr von Elisabeth von Braunschweig-Wolfenbüttel, der Gemahlin des Kronprinzen, zum höfischen Gefolge und lebte mit seiner Frau im selben Haus. 1769, nach der Scheidung des Kronprinzenpaares, verlor er sein Amt und zog mit seiner Familie nach Berlin, wo im gleichen Jahr Wilhelms jüngerer Bruder Alexander (gest. 1859) geboren wurde.

Die Eltern Humboldt, ein Paar aus besten gesellschaftlichen Kreisen – der Vater stammte aus einer Offiziersdynastie, die Mutter Marie-Elisabeth, geb. Colomb, ver-

Das barocke Bürgerhaus, in dem auch >> Friedrich Wilhelm III. zur Welt kam, gilt als Humboldts Geburtshaus

witwete von Holwede (1741–1796), aus einer reichen hugenottischen Kaufmannsfamilie – zählten auch in Berlin zum engen Kreis der Königsfamilie. Humboldts Vater wurde 1770 Pate des Thronfolgers >> Friedrich Wilhelm III. aus zweiter Ehe des Kronprinzen.

Ihren Söhnen konnten die Humboldts eine privilegierte Kindheit mit Elite-Ausbildung und ausgezeichneten gesellschaftlichen Kontakten bieten. Während Alexander als Forschungsreisender weltberühmt wurde, machte Wilhelm von Humboldt eine glänzende Karriere als Diplomat und Kulturpolitiker.

Wilhelm von Humboldt, 1827

Von 1802 bis 1808 war er Botschafter Preußens beim Heiligen Stuhl in Rom, ab 1810 preußischer Gesandter in Wien und ab 1817 in London. Während der Friedensverhandlungen nach den Napoleonischen Kriegen in den Jahren 1814/15 vertrat er sein Land als Abgesandter auf den Kongressen in Prag, Wien und Paris.

In Berlin leitete er ab 1809 das Amt für Kultus- und Unterrichtswesen. Verbunden mit einer weitreichenden Bildungsreform konzipierte er das humanistische Gymnasium und gründete 1810 die heute nach ihm benannte Berliner Universität. „Materiell nicht auf ein Amt angewiesen, ein geistiger Aristokrat, der sich im Kreise von Dichtern und Künstlern ebenso selbstverständlich bewegte wie am Hofe, war er das Gegenteil eines Beamten. Gerade deshalb vielleicht hat er im Rahmen der preußischen Staatserneuerung die außerordentlichste der Reformen auf den Weg gebracht.“ (Rudolf Vierhaus)

Atlanten am Eingang

Politische Differenzen führten 1819 zu seiner Entlassung aus dem Staatsdienst. Humboldt zog sich ins Privatleben zurück, um seinen vielseitigen Interessen nachzugehen: die Kunst der klassischen Antike, Anthropologie, Charakterkunde, Staatslehre und Sprachwissenschaft. Er lernte Sanskrit, Altägyptisch, Chinesisch und mehrere Indianersprachen; über die Kawi-Sprache auf Java schrieb er ein mehrbändiges Werk.

Am 8. April 1835 starb er auf seinem Familienstammsitz, dem Berliner Schloss Tegel. ■

Kurt KAMPFFMEYER sen.

Getreidehändler, Mühlenbesitzer
(geb. 1896 – gest. 1949 vermutlich Potsdam)

Potsdam-Berliner Vorstadt, Berliner Straße 76

Ein Anwesen wie aus dem Hochglanzprospekt eines Luxusmaklers: Seegrundstück auf dem „Glienicker Horn“, einer kleinen Landzunge am Havelufer, malerischer Rundblick auf Schloss Babelsberg, dem ehemaligen Sommersitz von Kaiser » Wilhelm I., die Glienicker Brücke und das schon zu Berlin gehörende Schloss Klein-Glienicke. Darauf eine 900 qm große Villa mit neobarockem Bauschmuck, 15 Zimmern, inklusive Garten- und Speisesaal, Teesalon, schweren Holzbalkendecken und einem monumentalen Kamin im Renaissancestil.

Das alles gehörte nicht etwa einer alteingesessenen Potsdamer Adels- oder Großbürgerfamilie, sondern Kurt Kampffmeyer sen., dem Sohn des Getreidegroßhändlers Emil Kampffmeyer (1859–1913) aus der Teltower Vorstadt.

Die Villa, die sich Kurt Kampffmeyer sen. erst 30-jährig nach Plänen der Berliner Architekten Carl Mohr & Paul Weidner erbauen ließ, ist eine markante Demonstration seines unternehmerischen Erfolgs. Ein bronzener Merkur, der antike Götterbote und Schutzpatron aller Händler, krönt die Kuppel des Daches und ist für jedes vorbeifahrende Boot auf den Havelgewässern von Weitem zu sehen.

Die Glienicker Brücke

Kurt Kampffmeyer galt damals als einer der reichsten Männer Brandenburgs. Er gehörte zu den bedeutendsten Mühlenbetreibern in Deutschland und besaß die größten Mühlenanlagen in Brandenburg, darunter die „Potsdamer Dampfmühle“ (Teltower Vorstadt, Leipziger Straße 5–6) sowie die „Schütt'sche Mühle“ in Berlin-Moabit. Das Unternehmen Kampffmeyer-Mühlen existiert bis heute und betreibt europaweit zahlreiche Mühlenbetriebe.

Nach 1945 – Kampffmeyers Grundstück lag jetzt im abgeriegelten DDR-Grenzgebiet – wurde die Villa berühmt-berüchtigt als Sitz des sowjetischen Geheimdienstes KGB, der von hier aus den Agentenaustausch auf der Glienicker Brücke beobachtete.

Die ehemalige Villa Kampffmeyer von der Glienicker Brücke aus gesehen

Nach der politischen Wende 1989 machte die ehemalige Villa Kampffmeyer Schlagzeilen ganz anderer Art: 2002/03 wurde sie vom ehemaligen Schweizer Botschafterpaar Shawne Fielding und Thomas Borer-Fielding bewohnt, das wegen ihrer für Diplomaten äußerst exzentrischen Selbstdarstellung häufig in der Klatschpresse stand. Nach ihrem Auszug sollen sich auch US-Schauspieler Tom Cruise sowie Popstar Michael Jackson für das Anwesen interessiert haben, und seit 2005 befand sich hier die Wohnresidenz von Achmed al Shaik, dem Militärattaché der Vereinigten Arabischen Emirate in Deutschland. Ein Käufer fand sich viele Jahre lang nicht. Erst im Herbst 2011 soll ein Geschäftsmann die Villa erworben haben.

1995/97 wurde dem Prachtbau durch eine umfassende Sanierung sein äußerer Glanz zurück gegeben. Durch eine Reihe von Neubauten am „Glienicker Horn“ jedoch hat die Exklusivität des Anwesens, das dort ursprünglich allein in einem großen Landschaftspark stand, deutlich gelitten. ■

Schriftsteller
(geb. 1896
Potsdam –
gest. 1966
Stuttgart)

Potsdam-Jägervorstadt, Hegelallee 13

Hermann Kasack, der zu den etablierten, aber weniger populären deutschen Schriftstellern des 20. Jahrhunderts gehörte, ist heute fast vergessen.

Den Großteil seines Lebens verbrachte er in Potsdam. Hier erlebte er viele Höhen und Tiefen seines Berufslebens – bis zu seiner ‚Kaltstellung' durch die Nationalsozialisten und seiner ‚Quasi-Vertreibung' durch die sowjetische Besatzungsmacht nach 1945.

Kasack wuchs in Potsdam als Sohn eines Arztes auf. Die Wohnhäuser seiner Kindheit – in der Schwerdtfegergasse 10 und Am Kanal 15, wo einst auch Johann Joachim Quantz, der Flötenlehrer >> Friedrichs II., gelebt hatte – sind heute zerstört.

Nach einem Germanistik- und Philosophiestudium in Berlin und München kehrte Kasack 1920 nach Potsdam zurück, um als Lektor im Kiepenheuer Verlag zu arbeiten, erhielt dort aber überraschend eine Führungsposition: „Da die Bankherren verhindern wollten, dass Geka [d.i. >> Gustav Kiepenheuer] künftig allzu freigiebig mit Autorenvorschüssen umging, wurde ein ihm gleichberechtigter Direktor der Kiepenheuer-Verlags-A.-G. beigegeben. Für diesen Posten wurde zur Überraschung meiner fünfundzwanzig Jahre ich selber bestimmt."

In der gediegenen Stadtvilla (links) nahe dem Jägertor lebte Kasack von 1927 bis 1945 im Obergeschoss. Hier begann er 1942 sein bekanntestes Werk, den Roman „Die Stadt hinter dem Strom", der erst 1947 erscheinen konnte

Hermann Kasack, um 1933

1926 wechselte Kasack als Verlagsdirektor zum Berliner S. Fischer Verlag, gab die Stelle aber bald wieder auf, um als freier Autor zu leben, denn er hatte sich, u.a. mit einem Stück über den Maler Vincent van Gogh, inzwischen als Schriftsteller einen Namen gemacht. Ein festes Einkommen sicherte ihm das Radio, für das er literarische Programme und Hörspiele verfasste.

Finanziell gut dastehend zog er aus seiner bisherigen Wohnung in der heutigen Menzelstraße 3 Ende 1927 zunächst zur Miete in das Haus Hegelallee 13, das sein Vater 1930 schließlich kaufte. Kasack bewohnte mit Frau Maria und zwei Kindern sechs Zimmer im Obergeschoss; im Erdgeschoss lebte später die verwitwete Mutter.

Die NS-Machtergreifung beendete Kasacks Laufbahn abrupt. Er erhielt Sendeverbot und während seine Frau, eine gelernte Masseurin, jetzt das Haupteinkommen verdiente, war er weitgehend arbeitslos, bis er 1941 Lektor im S. Fischer Verlag (1942 in Suhrkamp Verlag vorm. S. Fischer umbenannt) wurde.

Die Barbarei des NS-Regimes hatte Kasack vorausgesehen: „Der Tag, an dem die sogenannten Nationalsozialisten die Macht in Deutschlands Staaten übernehmen [...]“, schrieb er bereits 1930 in sein Tagebuch, „wird der Beginn der tiefsten geistigen Erniedrigung sein [...].“

Nach 1945 wurde Kasack durch die sowjetischen Besatzer schikaniert. Er musste sein Haus in der Hegelallee verlassen und eine Mietwohnung in der heutigen Hans-Sachs-Straße 13 beziehen. Sein schriftstellerisches Werk wurde als ‚dekadent' herabgesetzt. Als er auch noch zu Spitzeldiensten verpflichtet werden sollte, ging Kasack 1949 nach Westdeutschland. ■

Schriftstellerin
(geb. 1901 Karlsruhe – gest. 1974 Rom)

Potsdam-Nauener Vorstadt, Persiusstraße 1

„Als eine ewige Autobiographin, eine im eigenen Umkreis befangene Schreiberin werde ich, wenn überhaupt, in die Literaturgeschichte eingehen [...].“

Marie Luise Kaschnitz, geb. von Holzing-Berstett, stammte aus vornehmer badisch-elsässischer Familie: Alter Adel, gebildet und künstlerisch interessiert, die Männer Offiziere. Ihre Eltern waren ein Traumpaar der wilhelminischen Gesellschaft. Der Vater Max Freiherr von Holzing-Berstett war General mit musischen Neigungen, ihre Mutter Elsa, geb. Freiin von Seldeneck, ausgebildete Sängerin. Sie verkehrten in den höchsten Kreisen mit Zugang zum Kaiserhaus und führten selbst ein offenes, kultiviertes Haus, in dem sie Gesellschaften gaben und Konzerte veranstalteten.

Die Familie war 1902 nach Potsdam übergesiedelt, da Holzing-Berstett zum Rittmeister und Führer einer Eskadron im Ersten Potsdamer Garde-Ulanen-Regiment befördert worden war. 1913 wurde ihr Vater – er war inzwischen Flügeladjutant Kaiser Wilhelms II. – nach Berlin versetzt.

Ihr Elternhaus von 1902 bis 1913

Mit zwei älteren Schwestern und einem jüngeren Bruder verbrachte Kaschnitz eine nach außen hin sehr privilegierte Kindheit. Sie litt jedoch unter der vornehmen Kultiviertheit ihrer Eltern („ein schönes Paar, so schöne Eltern hatte kein anderes Kind") und der Unnahbarkeit ihrer Mutter („man küßte sie durch einen Schleier hindurch"). Ihre Mutter ließ sie ihre Enttäuschung spüren, dass ihr drittes Kind wieder ein Mädchen geworden war. „Wunsch, ein Mannsbild zu sein, die ganze Kindheit hindurch", schrieb Kaschnitz später.

Kaschnitz emanzipierte sich. Sie machte Abitur, absolvierte eine Buchhändlerlehre in Weimar, arbeitete in einem Münchner Verlag und einem Antiquariat in Rom. Ihren Mann, den Archäologen Guido Kaschnitz von Weinberg (1890–1958), den sie 1925 geheiratet hatte – 1928 wurde das einzige Kind, die Tochter Iris Costanza geboren –, begleitete sie auf ausgedehnten Studienreisen durch ganz Europa. Sie lebte in Rom, Königsberg, Marburg, Frankfurt/Main und dem Familiengut in Bollschweil im Schwarzwald.

Marie Luise Kaschnitz, Anfang der 1930er-Jahre

Kaschnitz schrieb und veröffentlichte bis kurz vor ihrem Tod Romane, Erzählungen, Kurzprosa, Essays und Hörspiele. Ihre Gedichte („Hiroshima") gehören zur bedeutendsten deutschen Lyrik der Nachkriegszeit.

Viele ihrer Werke sind eine künstlerische Verarbeitung ihrer problematischen, angstvollen Kindheit, in der sie sich zurückgesetzt und hässlich gefühlt hatte, darunter „Das Haus der Kindheit" (1956) oder „Das dicke Kind", die Titelgeschichte eines Erzählungsbandes, der sie Anfang der 1950er-Jahre berühmt machte. „Ich halte die Geschichte „Das dicke Kind" für meine stärkste Erzählung, weil sie am kühnsten und grausamsten ist. So grausam zu sein, konnte mir nur gelingen, weil das Objekt dieser Grausamkeit ich selber war", resümierte Kaschnitz 1961 in einem „Werkstattgespräch" mit >> Horst Bienek. ■

Diplomat
(geb. 1693 Schloss Inverugie bei Peterhead/ Schottland – gest. 1778 Potsdam)

Potsdam-Brandenburger Vorstadt, Lennéstraße 9, „Lordmarschallhaus"

Lord George Keith, Earl-Marischal of Scotland, gehörte einer der angesehensten Familien Schottlands an. Nachdem er mit den Anhängern des verdrängten Hauses Stuart erfolglos gegen den aus dem Haus Hannover stammenden britischen König Georg I. gekämpft hatte, verlor er Titel und Güter und lebte lange im italienischen und spanischen Exil.

1747 berief ihn >> Friedrich II., der bereits Keiths Bruder James (1696–1758) kennen und schätzen gelernt hatte, als Diplomat in preußische Dienste. Keith wurde 1751 Gesandter Preußens in Paris und 1753 Gouverneur des damals preußischen Neuchâtel (Schweiz), wo er – selbst ein Vertriebener – dem Philosophen Jean-Jacques Rousseau großzügig Asyl gewährte.

Lordmarschall Keith (anonymer Maler, Museé d'art et d'histoire, Neuchâtel)

1763 setzte sich Keith in Potsdam zur Ruhe, wo ihn der König nicht zuletzt wegen seiner philosophisch-literarischen Bildung und seines französischen Geschmacks in den Kreis seiner Vertrauten zog. Er bewirkte in England sogar dessen Rehabilitation samt Rückgabe seines schottischen Besitzes.

Friedrich II. fühlte sich dem Lordmarschall so verbunden, dass er ihm das Haus am südlichen Rand des Sanssouci-Parks als Alterssitz zur Verfügung stellte – in direkter Blickachse zu Schloss Sanssouci. Der altersschwache

Keiths Alterssitz schuf der Potsdamer Baumeister Heinrich Ludwig Manger 1764/65 mit dem Haupteingang zur Lennéstraße – hier im Bild – und der Gartenseite zum Park Sanssouci

Keith ließ sich beinahe täglich mit einer Sänfte die Weinbergterrassen zum Schloss hinauftragen, um seinen König zu besuchen. ■

Pianist, Komponist, Hochschullehrer (geb. 1895 Jüterbog – gest. 1991 Positano/ Italien)

Potsdam, Nauener-Vorstadt, Am Neuen Garten 51

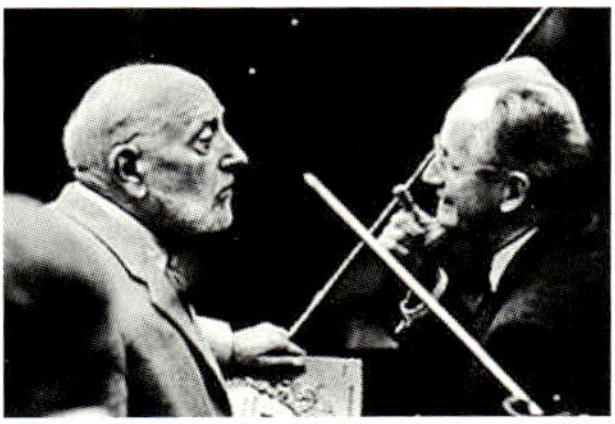

Ernest Ansermet und Wilhelm Kempff (rechts), 1965

Wilhelm Kempff kam bereits im Alter von vier Jahren nach Potsdam, als sein Vater Wilhelm Kempff sen. (1866–1938) Kantor und Organist an der Nikolaikirche wurde. Die Familie – er hatte drei ältere Geschwister – lebte am Wilhelmplatz 10/11 und später in der Kiezstraße 11.

Schon früh wurde Kempffs musikalisches Talent entdeckt. Er sang im Chor von St. Nikolai, hatte als Sechsjähriger seinen ersten öffentlichen Auftritt mit einer Mozart-Klaviersonate, gab mit zwölf seinen ersten Klavierabend und 16-jährig ein Hofkonzert bei Kaiser Wilhelm II. mit seinem selbst komponierten Klaviertrio g-Moll.

Kempffs ehemaliges Wohnhaus gehört zur sog. Estorff-Siedlung, die das Architekturbüro Estorff & Winkler zwischen 1929 und 1935 entlang der Straße Am Neuen Garten erbaute

Nach seinem Studium an der Berliner Musikhochschule – die Examensprüfung war ihm wegen seines virtuosen Könnens erlassen worden – begann sein Aufstieg zu einem der größten Pianisten des 20. Jahrhunderts. Sein Repertoire umfasste nahezu die ganze klassische Klavier-Literatur; besonderen Ruf hatte er als Beethoven-Interpret.

Kempff, der seit 1924 die Stuttgarter Musikhochschule geleitet hatte, kehrte 1929 nach Potsdam zurück, um ausschließlich als freier Künstler zu arbeiten. Mit seiner Familie – er war seit 1926 mit seiner Klavierschülerin Helene Freiin Hiller von Gaertringen verheiratet, mit der er sieben Kinder hatte – bezog er 1931 das Haus am Neuen Garten, in dem zwischen internationalen Konzertreisen viele seiner Kompositionen entstanden. ■

Verleger
(geb. 1880 Wengern/ Ruhr – gest. 1949 Weimar)

Potsdam-Brandenburger Vorstadt, Geschwister-Scholl-Straße 59

Gustav Kiepenheuer, 1923

Gustav Kiepenheuer zählt neben Samuel Fischer und Ernst Rowohlt zu den großen Verlegerpersönlichkeiten des 20. Jahrhunderts, für die ein gutes Programm und ein persönlicher Umgang mit den Autoren ebenso wichtig waren wie der Umsatz ihrer Bücher. „Kaum ein Abend verging", so sein einstiger Mitarbeiter >> Hermann Kasack, „ohne dass sich der eine oder andere bei ihm zu Gespräch und Beratung einfand [...]", wobei sich Kiepenheuer „ebenso unermüdlich im Reden wie im Trinken bewies."

Er hatte seinen 1909 in Weimar gegründeten Verlag mit Kunstbüchern und bibliophilen Klassiker-Ausgaben aufgebaut. In den 1920er-Jahren – inzwischen war er nach Potsdam übergesiedelt – veröffentlichte er überwiegend Avantgardeliteratur von André Gide, Anna Seghers oder Arnold Zweig, dessen bei Ullstein abgelehnter Roman „Der Streit um den Sergeanten Grischa" (1927) Kiepenheuers größter Bucherfolg wurde.

1925 gründete seine inzwischen von ihm geschiedene Frau und Mitarbeiterin Irmgard, geb. Funcke, mit ihrem neuen Lebensgefährten den Müller & I. Kiepenheuer Verlag – mit Sitz in der nahe gelegenen Fasanerie, die später von >> Wilhelm Furtwängler bewohnt wurde. Kiepenheuer lebte und arbeitete mit seiner zweiten Frau Noa bis zur Übersiedlung nach Berlin im Jahr 1929 weiter in der Geschwister-Scholl-Straße, die damals Victoriastraße hieß. ■

In der großen Gründerzeit-Villa nahe Schloss Charlottenhof befanden sich von 1919 bis 1928 Kiepenheuers Wohnung und Verlagsräume

Schriftsteller, Offizier
(geb. 1715 Gut Zeblin bei Köslin/Pommern, heute Koszalin/Polen – gest. 1759 Frankfurt/Oder)

Potsdam-Innenstadt, Brandenburger Straße 61

Als Offizier und Schriftsteller führte er ein wenig glückliches, zerrissenes Leben. Soldat war Ewald Christian von Kleist, der das Garnisonsleben hasste, nur geworden, weil ihm aufgrund seiner zwar adeligen, aber mittellosen Herkunft eine zivile Karriere oder gar eine Literatenexistenz nicht möglich gewesen war.

Kleist, der zuvor in dänischem Militärdienst gestanden hatte, trat 1740, nach der Thronbesteigung » Friedrichs II., in die preußische Armee ein und diente im Regiment des Prinzen Heinrich in Potsdam, bis er am 24. August 1759 seinen schweren Verwundungen erlag, die er sich in der Schlacht bei Kunersdorf (heute Kunowice/Polen) zugezogen hatte, wo die Preußen vernichtend geschlagen worden waren. Eine Amputation seines zerschmetterten rechten Beines soll er verweigert haben, sodass Gotthold Ephraim Lessing vermutete: „Er hat sterben wollen!" Mit der Figur des ehrenhaften Majors von Tellheim setzte er seinem Freund und Schriftstellerkollegen im Schauspiel „Minna von Barnhelm" wenig später ein literarisches Denkmal.

Ewald Christian von Kleist (Bildnis von Gottfried Hempel, um 1751)

In dem für Potsdams Innenstadt charakteristischen Typenhäuschen aus den Jahren 1734 bis 1738 hatte der Offizier Ewald von Kleist 1741 eine Unterkunft. Mehr als 50 Jahre später war auch sein Nachfahre Heinrich von Kleist in Potsdam stationiert

Kleists schriftstellerische Werke wie sein Gedicht „Frühling" (1749), ein Beispiel der literarischen Empfindsamkeit, sind heute vergessen. Sie stehen im Schatten seines berühmten Großneffen Heinrich von Kleist (1777–1811), der als Offizier und Schriftsteller ein ähnlich zerrissenes Leben führte. ■

Andreas Ludwig **KRÜGER**

Architekt, Maler, Radierer (geb. 1743 Potsdam – gest. 1822 Berlin)

Potsdam-Holländisches Viertel, Benkertstraße 21

Andreas Ludwig Krüger gehörte zu einer vielseitigen und viel beschäftigten, wenngleich heute nur noch wenig bekannten Potsdamer Architekten- und Künstlerfamilie. Sein Onkel und Lehrer Andreas Krüger (1719–1759) war Mitarbeiter von Georg Wenzeslaus von Knobelsdorff, dem Hofbaumeister >> Friedrichs II. Krügers Schwiegervater war der Theater- und Vedutenmaler Johann Friedrich Meyer, dessen Tochter Marie Friederike (1752–1843) er 1773 geheiratet hatte. Ihr gemeinsamer Sohn Friedrich Ludwig Carl wurde Architekt und Kupferstecher.

Andreas Ludwig Krüger arbeitete im Potsdamer Baukontor und seit 1789 im Hofbauamt, wo er allerdings kaum selbst entwarf, sondern die Neubauten der Star-Architekten >> Carl von Gontard, >> Georg Christian Unger und Carl Gotthard Langhans überwachte, darunter die Fassade des Langen Stalls und den Innenausbau des Marmorpalais im Neuen Garten. Nach eigenen Plänen errichtete er, neben einigen Potsdamer Wohnhäusern, den Kutschpferdestall Am Neuen Markt 9 (1787–1789; heute Haus der Brandenburgisch-Preußischen Geschichte) sowie die Alte Wache in der Lindenstraße (1795–1797).

Bekannter wurde Krüger, der auch Zeichenlehrer der Prinzen >> Friedrich Wilhelm (III.) und Louis von Preußen war, durch seine Stiche mit Ansichten von Potsdam.

Sein Grab befindet sich auf dem Potsdamer Alten Friedhof. ■

Krüger lebte hier (links) mit seiner Familie und seinem Schwiegervater, dem aus Dresden stammenden Maler Johann Friedrich Meyer

Adolph L'Arronge

Dramatiker, Theaterdirektor, Kapellmeister, Komponist (geb. 1838 Hamburg – gest. 1908 Kreuzungen/ Kanton Thurgau, Schweiz)

Potsdam-Babelsberg, Virchowstraße 43/44

Kaum jemand kennt heute noch Adolph L'Arronge. Zu Lebzeiten jedoch war er der wohl erfolgreichste Bühnenautor und Theaterleiter Deutschlands. Theodor Fontane, viele Jahre Theaterkritiker in Berlin, berichtete seinerzeit vom „L'Arronge-Fieber", das die Wilhelminische Gesellschaft erfasst hatte. Das Unterhaltungstalent lag L'Arronge im Blut. Sein Vater war der bekannte Komiker und Theaterdirektor Eduard Theodor L'Arronge (1812–1878).

Mit seinen Volksstücken, Possen und Schwänken („Das große Los", 1866; „Mein Leopold", 1873; „Der Weg zum Herzen", 1884), die in bewährter Rührstück-Manier meist Familienkonflikte mit Happy End thematisieren, traf Adolph L'Arronge den Geschmack des breiten Publikums. Selbst komponierte Musikeinlagen – er hatte am Leipziger Konservatorium studiert, in jungen Jahren als Kapellmeister gearbeitet und sogar zwei Opern verfasst – brachten den nötigen Schwung.

L'Arronge, der auch als Theaterkritiker und Theaterredakteur der „Berliner Gerichtszeitung" gearbeitet hatte, kaufte 1881 das Deutsche Theater Berlin, das sich unter seiner Leitung mit klassischen Stücken und Lustspielen „zu einer der ersten Bühnen Berlins" (Neue Deutsche Biographie) entwickelte, bevor es durch die Regisseure Otto Brahm und Max Reinhardt über die Grenzen der Stadt hinaus berühmt wurde. ■

Die Villa des wilhelminischen Modeautors und seiner Frau, der Operettensängerin Hedwig Schnabel – ein gediegener Wohnsitz, der 1881 durch das renommierte Berliner Architekturbüro Ende & Böckmann erbaut wurde. 1921 kaufte es der Bankier Jakob Goldschmidt, daher auch „Villa Goldschmidt"

Peter Joseph **LENNÉ**

Garten-architekt (geb. 1789 Bonn – gest. 1866 Potsdam)

Potsdam-Sanssouci, Ökonomieweg 7

Lennés ehemaliger Wohn- und Amtssitz. Das Gebäude wurde 1752 durch den Architekten von Schloss Sanssouci Georg Wenzeslaus von Knobelsdorff errichtet und wird noch heute von der Potsdamer Gartendirektion genutzt. Im Vordergrund die Statue >> Friedrichs II.

Wenn man preußische Gartenkunst mit einer Persönlichkeit verbindet, so ist es Peter Joseph Lenné. Als herausragendster Vertreter des naturnahen englischen Landschaftsgartens, der die streng regelmäßig angelegten Gartenparterres des Barock ablöste, hatte er enormen Einfluss auf die Landschafts- und Gartengestaltung seiner Zeit. Auf ihn und seine Schule gehen unzählige Schloss- und Volksparks, Villengärten und urbane Plätze in ganz Preußen zurück.

Sein bedeutendstes und schönstes Werk ist die Gestaltung der Berlin-Potsdamer Kulturlandschaft, die in seiner fast 50-jährigen Tätigkeit für die preußischen Könige >> Friedrich Wilhelm III. und >> Friedrich Wilhelm IV. entstanden ist und heute zum UNESCO-Weltkulturerbe gehört.

Der ehrgeizige und fleißige Lenné, der sich nach einer Gärtnerlehre in Paris, der Schweiz, München, Aschaffenburg und Wien weitergebildet hatte, wurde im Frühjahr 1816 nach Potsdam engagiert – der Beginn einer großen Karriere. Vom einfachen Gartengesellen stieg er 1824 zum Direktor der Königlichen Gärten und 1854 zum General-Gartendirektor in Potsdam auf. In kongenialer

Zusammenarbeit mit den Architekten Karl Friedrich Schinkel und Ludwig Persius schuf er u.a. die Gartenanlage für Schloss Charlottenhof am südlichen Rand des Sanssouci-Parks (ab 1825) und den Marlygarten westlich der Friedenskirche (1857–1860). Er legte den Potsdamer Neuen Garten und die Schlossparks von Klein-Glienicke und Babelsberg an, das dem späteren Kaiser >> Wilhelm I. gehörte, gestaltete die Berliner Pfaueninsel und den Schlosspark in Sacrow. Nach seinem Plan zur „Verschönerung der Insel Potsdam" wurden die Schlösser und Gärten, eingebettet in die reizvolle seenreiche Havellandschaft, durch Blickbeziehungen zu einer einzigartigen gestalterischen Einheit verwoben.

Peter Joseph Lenné (Gemälde von Carl Begas, 1830, Berlin, Nationalgalerie)

Lenné widmete sich auch anderen Arbeitsgebieten. In Berlin war er verantwortlich für die Umgestaltung des Tiergartens (ab 1819) und den Verlauf des Landwehrkanals. Er gründete die Berliner Gärtnerlehranstalt, die erste Ausbildungsstätte für Gärtner und Gartenarchitekten in Deutschland (1823), und die Landesbaumschule in Potsdam.

Sein Wohn- und Amtssitz lag im Knobelsdorff-Bau an der südlichen Grenze des Sanssouci-Parks. Er lebte hier in kinderloser Ehe mit seiner Frau Luise Friederike (1798 – 1855), der Tochter des Hofgärtners Joachim Heinrich Voss, und – wegen der einsamen Lage – gleich mehreren Neufundländer-Hunden. Später besaß er auch eine Villa im Berliner Tiergartenviertel (1838/39 vermutlich von Ludwig Persius erbaut, nicht erhalten).

Wie viele andere Potsdamer Gärtner ist Lenné, der im Alter von 77 Jahren hochgeehrt starb, auf dem Alten Friedhof in Potsdam-Bornstedt begraben. ■

Ev. Theologe (geb. 1858 Berlin – gest. 1926 Meran/ Italien)

Potsdam-Nauener Vorstadt, Große Weinmeisterstraße 45, „Lepsiushaus Potsdam“

Wie der Gartenkünstler >> Karl Foerster kam auch der Theologe Johannes Lepsius aus einer angesehenen Berliner Akademikerfamilie. Sein Vater war der namhafte Ägyptologe Carl Richard Lepsius (1810–1884), seine Brüder der Maler Reinhold, der Chemiker Bernhard und der Geologe und Mineraloge Richard Lepsius jun.

Johannes Lepsius war lange Zeit als Pfarrer in Friesdorf, einer kleinen Gemeinde im Harz, tätig und verfasste auch theologische Schriften („Das Leben Jesu“, 2 Bde., 1917/18), bis er seine Arbeit nach und nach ganz in den Dienst der in der Türkei verfolgten christlichen Armenier stellte. Die blutigen Massaker am armenischen Volk hatte er auf seinen Reisen als Missionar der „Deutschen Orientmission“ in Ostanatolien mit eigenen Augen gesehen.

Er gründete 1896/97 das „Armenische Hilfswerk“, das u.a. durch Spenden zu helfen versuchte, machte aber vor allem in Zeitungsartikeln und seinem mehrfach übersetzten Buch „Armenien und Europa. Eine Anklageschrift wider die christlichen Großmächte und ein Aufruf an das christliche Deutschland“ (1896) auf die unerträgliche Lage der Armenier aufmerksam.

Der ‚Anwalt der Armenier': Johannes Lepsius

Während des Ersten Weltkriegs kam es zum Völkermord an den Armeniern, denen Konspiration mit dem Kriegsgegner England vorgeworfen wurde. Lepsius reiste 1915 eigens nach Konstantinopel, um sich „ein vollständiges Bild von der systematischen Vernichtung des armenischen Volkes“ zu machen, die er 1916 in einem von der deutschen Militärzensur schließlich verbotenen „Bericht über die Lage des armenischen Volkes in der Türkei“ schilderte (1919 unter dem Titel „Der Todesgang des Armenischen Volkes“ als Buch erschienen).

In Deutschland versuchte man vergeblich Lepsius zum Schweigen zu bringen, da man durch seine Aktivitäten das Bündnis mit der Türkei gefährdet sah. Es beweist große Charakterstärke, resümierte sein enger Mitarbeiter Richard Schäfer später, dass „zu einer Zeit, als ganz Deutschland schwieg, schweigen musste über die schrecklichen Dinge, Lepsius als einziger geredet hat."

Lepsius hatte sich 1907 in Potsdam niedergelassen. Das alte Weinmeisterhaus bewohnte er mit seiner zweiten Frau Alice, geb. Breuning (1871 – 1969). Seine erste Frau Margarethe, geb. Zeller, die Tochter eines in Jerusalem tätigen Missionars, mit der er sechs Kinder hatte, war bereits 1898 gestorben.

Lepsius selbst starb am 3. Februar 1926 in Meran/Südtirol, wo er sich aus gesundheitlichen Gründen bereits seit Ende Oktober 1925 aufgehalten hatte. Der Schriftsteller Franz Werfel hat ihn in „Die vierzig Tage des Musa Dagh" (1933), seinem weltberühmten historischen Roman über das Schicksal der Armenier, literarisch gewürdigt. ■

Ein aus dem 18. Jahrhundert stammendes Weinmeisterhaus, das der Bankier Henkel 1868 zu einer Villa hatte ausbauen lassen. Lepsius und seine Familie bewohnten es von 1907 bis 1925. Hier befindet sich heute das Johannes-Lepsius-Archiv, das auch die Geschichte der Armenier und ihre Verfolgung in der Türkei erforscht

Wilhelmine Gräfin von LICHTENAU

Mätresse Friedrich Wilhelms II. (geb. 1753 Dessau – gest. 1820 Berlin)

Potsdam-Nauener Vorstadt, Behlertstraße 31, „Palais Lichtenau"

Geradezu märchenhaft war der Aufstieg der kleinen Trompetertochter Wilhelmine Encke zur Gräfin von Lichtenau und Mätresse des damaligen Kronprinzen und späteren preußischen Königs >> Friedrich Wilhelm II.

Sie wurde bereits mit sechzehn seine Geliebte und stand, trotz seiner offiziellen Ehe mit Friederike Luise von Hessen-Darmstadt, seiner späteren morganatischen Verbindungen mit Julie von Voß und Sophie von Dönhoff sowie heftiger gesellschaftlicher Anfeindungen, bis zu seinem Tod in inniger, wenngleich später rein freundschaftlicher Beziehung zu ihm. Kennen gelernt hatte sie ihn schon 1764, als ihr Vater Mitglied der Berliner Hofkapelle wurde. Seit 1766 lebte sie mit ihrer Familie in Potsdam, wo ihr Vater als Musiker angestellt war und auch Friedrich Wilhelm seinen Hauptwohnsitz hatte.

Der Kronprinz ermöglichte ihr eine erstklassige Ausbildung, die weit über das damalige Niveau höherer Töchter hinausging. Bemerkenswert waren ihre Kunstkenntnisse, die sie später befähigten, u.a. auf die Ausstattung des Marmorpalais, Friedrich Wilhelms Sommerresidenz im Potsdamer Neuen Garten, sowie den Bau des Schlösschens auf der Berliner Pfaueninsel Einfluss zu nehmen. „Die Lichtenau dilettierte in Kunstsachen und nicht ganz ohne Talent," stellte Theodor Fontane in seinen „Wanderungen durch die Mark Brandenburg" anerkennend fest.

Die „preußische Pompadour": Wilhelmine von Lichtenau (Gemälde von Anna Dorothea Therbusch, 1776)

Die „schöne Wilhelmine" wurde zwar 1778 offiziell als Mätresse anerkannt, musste jedoch 1782 auf Befehl >> Friedrichs II. eine Ehe mit >> Johann Friedrich Ritz, dem Kammerdiener und späteren Geheimen Kämmerer Friedrich Wilhelms, eingehen, die erst 1796, nach ihrer Ernennung zur Gräfin von Lichtenau, wieder geschieden wurde.

Mit Friedrich Wilhelm II. hatte sie fünf Kinder, von

denen nur eine Tochter das Erwachsenenalter erreichte; mit Ritz einen Sohn, der gemeinsam mit den königlichen Kindern erzogen wurde.

Lichtenaus Privilegien endeten, wie die aller Mätressen, mit dem Tod des Herrschers. Sein Sohn und Nachfolger >> Friedrich Wilhelm III. ließ sie wegen „unrechtmäßiger Bereicherung" und „Verrats von Staatsgeheimnissen" anklagen, ihren Besitz konfiszieren und auf die Festung Glogau verbannen.

Nach einem wechselvollen Leben, u.a. war sie später zeitweise mit dem 26 Jahre jüngeren Theaterdichter Franz von Holbein verheiratet, starb die Gräfin am 9. Juni 1820 – 23 Jahre nach ‚ihrem' König.

Das nach ihr benannte Potsdamer Palais wurde 1796/97 für sie und ihren Mann Ritz errichtet. Friedrich Wilhelm II. hatte dem Paar bereits 1791 das Grundstück

Das Palais Lichtenau: ein Musterbeispiel frühklassizistischer Architektur in Brandenburg. Erbaut wurde es von Michael Philipp Daniel Boumann, der auch die Potsdamer Villa für >> Johann Friedrich Ritz und das Berliner Schloss Bellevue, den heutigen Amtssitz des Bundespräsidenten, errichtete. Die Innenausstattung des Palais Lichtenau stammt von Carl Gotthard Langhans

geschenkt und auch den Bau finanziert. Aufgrund ihrer in die Bauzeit fallenden Scheidung von Ritz bewohnte es die Lichtenau allerdings nicht, sondern residierte weiterhin in ihrem (1872/73 abgerissenen) Berliner Palais am Charlottenburger Schloss. ■

Gemahlin von Friedrich Wilhelm III.
(geb. 1800 Dresden – gest. 1873 Bad Homburg v.d. Höhe)

Potsdam-Sanssouci, Am Grünen Gitter 7a

„Heute Nachmittag und Abend durchlief wie ein Lauffeuer die ganze Stadt das Gerücht und die zuverlässige Nachricht ‚Unser König hat sich vorgestern verheiratet' [...]. Wie ein Donnerschlag traf die Nachricht unter die Leute, und die meisten verweigerten ihr allen Glauben", berichtete der einflussreiche Schriftsteller und Diplomat Karl August Varnhagen von Ense am 11. November 1824 aus Berlin.

In ganz Preußen erregte die überraschende Hochzeit des damals 54 Jahre alten >> Friedrich Wilhelm III. mit der 24-jährigen Auguste Gräfin von Harrach, die nun die Titel Fürstin von Liegnitz und Gräfin von Hohenzollern erhielt, großes Aufsehen und wurde allgemein konsterniert aufgenommen.

Auguste Fürstin von Liegnitz (Gemälde von August Grahl)

Der König sah seine Wiederverheiratung – 1810 war seine erste Frau, die in Preußen wie eine Heilige verehrte Königin Luise, im Alter von 34 Jahren verstorben – als „reine Privatsache" und hatte sich im kleinsten Kreise trauen lassen. Im Andenken an Luise ging er eine morganatische Ehe ein, die seiner Frau im höfischen Zeremoniell eine zweitrangige Rolle zuwies. „[...] eine Luise bekomme ich nicht wieder", so Friedrich Wilhelm III. „Meine zweite Gemahlin soll keine Königin, aber vor Gott und Menschen meine rechtmäßige Ehefrau sein."

Die junge Fürstin war von vielen höfischen Zeremonien und Feiern ausgeschlossen, den königlichen Kindern stets nachgeordnet; evtl. eigene Nachkommen blieben in der Thronfolge unberücksichtigt. Auguste von

Liegnitz, die als warmherzig und bescheiden galt, verstand es jedoch, sich mit ihrer Rolle zu arrangieren. Sie gewann die Zuneigung der bereits erwachsenen Kinder ihres Mannes, die sich, bis auf den Kronprinzen und späteren König >> Friedrich Wilhelm IV., anfangs ablehnend verhalten hatten, und führte fast 16 Jahre lang eine harmonische, allerdings kinderlose Ehe mit dem König. In den letzten Ehejahren pflegte sie ihren gealterten, kränkelnden Mann, durfte nach dessen Tod jedoch nicht einmal an den offiziellen Trauerfeierlichkeiten im Berliner Dom teilnehmen.

Fassadendetail

Die „Villa Liegnitz“ am Grünen Gitter, dem südöstlichen Eingang in den Park von Sanssouci, war ursprünglich ein aus dem 18. Jahrhundert stammendes, eingeschossiges Gartenhaus. Es wurde 1841 durch den Schinkel-Schüler Albert Dietrich Schadow nach den Wünschen der Fürstin zum Witwensitz umgebaut. Auguste von Liegnitz, die außerdem Gemächer im Berliner Prinzessinnenpalais besaß, wohnte hier, wenn sie nicht auf einer ihrer häufigen Reisen durch ganz Europa war.

Die „Villa Liegnitz“: Witwensitz der Fürstin am südöstlichen Rand des Sanssouci-Parks. Das sanierungsbedürftige Gebäude wird heute von der Stiftung Preußische Schlösser und Gärten Berlin-Brandenburg als Bibliothek genutzt. Gegenüber liegt die schöne „Villa Illaire“, die dem Geheimen Kabinettsrat Ernst Emil Illaire gehörte

33 Jahre nach ihrem Gemahl fand sie im Mausoleum des Charlottenburger Schlossparks in Berlin ihre letzte Ruhestätte – unweit der Sarkophage von Friedrich Wilhelm III. und seiner ersten Frau Königin Luise. ■

Schriftsteller, Bergarbeiter, Kulturfunktionär (geb. 1890 Beuthen/ heute Bytom, Polen – gest. 1965 Potsdam)

Potsdam-Babelsberg, Rosa-Luxemburg-Straße 27

„Daß ich schreibe, wundert mich noch heute", stellte Hans Marchwitza fest, als er längst zu den bekannten, privilegierten Arbeiterschriftstellern der jungen DDR gehörte, Vizepräsident der Ostberliner Akademie der Künste war, sich mit den Schriftstellerkollegen Bernhard Kellermann und Eduard Claudius, der im Nebenhaus Nr. 29 lebte, im Deutschen Kulturbund engagierte und für sein Werk dreimal den Nationalpreis der DDR erhalten hatte.

Wie schon sein Großvater und sein Vater war Marchwitza Bergmann, hatte in Schlesien und im Ruhrgebiet im Kohletagebau gearbeitet, Armut, harte Arbeitsbedingungen, Streiks und Arbeitslosigkeit am eigenen Leib erfahren – was ihn zum überzeugten Kommunisten gemacht hatte.

Arbeiterfestspiele: Hans Marchwitza mit FDJ

Marchwitza, der, wie er selbst sagte, seine ersten Verse „unten in der Grube auf die Kohlenschippe" geschrieben hatte, begann Anfang der 1930er-Jahre Erzählungen, Reportagen, Gedichte und vor allem Romane aus dem Arbeitermilieu zu veröffentlichen. Sein erstes Buch „Sturm auf Essen" (1930), ein Roman über den Arbeiteraufstand im Ruhrgebiet im Jahr 1920, wurde in Deutschland verboten. Es folgten „Schlacht vor Kohle" (1931) und „Walzwerk" (1932), bevor Marchwitza nach Spanien ging, im Bürgerkrieg auf Seiten der Internationalen Brigaden gegen die Franco-Faschisten kämpfte und schließlich über Frankreich in die USA emigrierte.

Sein Hauptwerk ist die zum Teil im amerikanischen Exil verfasste Romantrilogie „Die Kumiaks" (1934; der zweite Band „Die Heimkehr der Kumiaks" erschien 1952, der dritte „Die Kumiaks und ihre Kinder" 1959). Sie erzählt mit stark autobiografischem Hintergrund vom Schicksal einer Bergarbeiterfamilie, von Klassenkampf, „Hunger und Arbeitslosigkeit, Wohnungsnot und Wissensmangel", denn, so Marchwitza, „wir schreiben nur unsere Erfahrungen [...] es ist unser Leben, all unsere Bitternisse und Widerwärtigkeiten, unser ganzer Jammer und unsere Notsignale."

Während Marchwitza in der DDR die Rolle eines „Renommierproletariers" einnahm, dessen Werke zum Schullernstoff gehörten, wurde er im Westen nicht ernstgenommen. Marcel Reich-Ranicki kritisierte Marchwitzas pathetischen Stil und das mangelnde literarische Niveau seiner Bücher. Er verriss sie als propagandistische Machwerke und sprach von einer durch die DDR inszenierten „Legende vom Dichter Marchwitza". Marchwitza selbst gab später offen zu, trotz aller Erfolge und Auszeichnungen, immer unter seiner unzureichenden Bildung gelitten zu haben, da er als einfaches Bergarbeiterkind keine höhere Schule hatte besuchen können.

Privileg eines Arbeiterschriftstellers in der DDR: Ein Haus in der Villenkolonie Neubabelsberg. Marchwitza lebte hier seit 1956 mit Ehefrau Hilde

Noch aus DDR-Zeiten stammt die Gedenktafel am Marchwitza-Haus

Der heute fast vergessene Schriftsteller, der am 17. Januar 1965 in seinem Potsdamer Haus starb, ist, wie viele prominente Kommunisten, auf dem Zentralfriedhof in Berlin-Friedrichsfelde begraben. ■

Garten-architekt (geb. 1902 Hofgeismar bei Kassel – gest. 1971 Greimharting/Chiemsee)

Potsdam-Bornim, Florastraße 53

Hermann Mattern

Hermann Mattern wurde 1927 Leiter des Entwurfsbüros in >> Karl Foersters Gartengroßbetrieb in Bornim und arbeitete auch nach der Gründung eines eigenen Planungsateliers 1935 mit ihm zusammen. Zu dieser äußerst kreativen Arbeitsgemeinschaft gehörte auch die Gartenarchitektin Herta Hammerbacher (1900–1985), mit der Mattern von 1928 bis 1935 in erster Ehe verheiratet war.

In Potsdam entstanden u.a. der Garten für das Wohnhaus des Pianisten >> Wilhelm Kempff sowie der Schau- und Lehrgarten auf der Freundschaftsinsel (1939/40). Aber auch weit über die Stadt hinaus war der Foerster-Matternsche Gartenstil gefragt, der die streng architektonischen Gärten der 1920er-Jahre durch naturnahe „Wohnlandschaften“ mit Sträuchern, Gräsern und Stauden, sanft modellierten Rasenflächen und schmalen Pfaden aus Natursteinplatten ersetzte.

Da Haus und Garten „nicht zueinander addiert sein, sondern [...] sich gegenseitig vollkommen ergänzen“ sollten, suchte Mattern stets die Kooperation mit aufgeschlossenen Architekten. Ungeachtet seines Postens als beratender „Landschaftsanwalt“ beim NS-Reichsautobahnbau entwarf er ab Mitte der 1930er-Jahre Gärten für die kleinen Einfamilienhäuser, mit denen sich der Avantgardearchitekt Hans Scharoun, der während des NS-Regimes ohne nennenswerte Aufträge war, damals sein Auskommen sicherte. ■

Das schlichte, heute baulich veränderte Haus ließ sich Mattern 1934 von Hans Scharoun errichten. Der rechts angrenzende Anbau entstand erst Ende der 1930er-Jahre

Bankier, Unternehmer (geb. 1868 Berlin – gest. 1949 Basel)

Potsdam-Nauener Vorstadt, Bertinistraße 3–5

In der Bertinistraße, wegen der hier ansässigen Bankiers damals auch „Bankiersstraße“ genannt, ließ sich auch Otto von Mendelssohn Bartholdy nieder – nur wenige Hundert Meter entfernt liegt das ehemalige Landhaus des Bankiers » Herbert M. Gutmann.

Für sich und seine Familie – von Mendelssohn Bartholdy war mit seiner Cousine Cécile (1870–1943) verheiratet und hatte zwei Kinder – erwarb er das große, um 1800 errichtete Landhaus, das 1906 bis 1908 für ihn umgestaltet wurde. Paul Schultze Naumburg, der Architekt von Schloss Cecilienhof für » Wilhelm Kronprinz von Preußen, soll am Umbau beteiligt gewesen sein. Das Haus diente als Landsitz; die Hauptwohnung der Mendelssohns befand sich am Pariser Platz in Berlin.

Von Mendelssohn Bartholdy gehört zu den weniger bekannten Mitgliedern der berühmten jüdischen Musiker- und Unternehmerfamilie Mendelssohn Bartholdy. Sein Großvater väterlicherseits war der bedeutende Komponist Felix Mendelssohn Bartholdy.

Die „Casa Bartholdy“

Otto von Mendelssohn Bartholdy, der 1906 geadelt worden war – seine Nobilitierung beschleunigte eine großzügige Spende für den Bau der Berliner Kaiser-Wilhelm-Gedächtniskirche – war Aufsichtsratsmitglied des Chemiekonzerns AGFA, der aus der Berliner Anilinfabrik seines Vaters hervorgegangen war, sowie Teilhaber der Privatbank Robert Warschauer & Co – bis zur NS-Machtergreifung 1933.

Aus seinem Landhaus vertrieben, überstand er die Nazizeit im Gärtnerhaus seines Anwesens und emigrierte 1945 in die Schweiz, da er unter der sowjetischen Besatzungsmacht keine Chancen sah, seinen Besitz zurück zu erhalten. ■

Cellistin, Musiklehrerin (geb. 1899 Antwerpen – gest. 1984 Berlin/West)

Potsdam-Nauener Vorstadt, Alleestraße 10

Ihr Name klingt nach privilegierten Verhältnissen, ihr Leben aber war voller Entbehrungen.

Maria Celina Gabrielle Antoinette Baronesse von Mirbach, genannt Baronesse Maimi, wuchs mit einer jüngeren Schwester in wohlhabenden, kultivierten Verhältnissen in Antwerpen auf. 1915, kurz nach Beginn des Ersten Weltkriegs, musste die deutsche Familie Belgien verlassen und kam nach Potsdam. Ihr Onkel Ernst Freiherr von Mirbach, Oberhofmeister der deutschen Kaiserin Auguste Victoria, nahm sie in seiner Villa Albrechtstraße 15 (heute Am Neuen Garten 25) auf. Ein Vierteljahr später, der Vater war überraschend verstorben, mietete die Mutter für sich und ihre Töchter die Villa Alleestraße 10, in der Maimi von Mirbach auch nach dem Tod der Mutter und der Heirat ihrer Schwester wohnen blieb.

Ungeachtet ihrer bevorzugten Herkunft war Maimi von Mirbach eine zupackende, bodenständige Persönlichkeit, die sich den Härten des Lebens mit „moralischem Mut, Selbstlosigkeit und Wahrheitstreue“ stellte, wie ein langjähriger Freund ihr später bescheinigte. 1937 – nach dem tragischen Unfalltod von Schwester und Schwager – nahm sie deren drei Kinder, die sie später adoptierte, bei sich auf und sorgte für sie, ohne die Bedrängnis anderer aus den Augen zu verlieren. Von Mirbach, die von Anfang an eine erbitterte Gegnerin der nationalsozialistischen Gewaltherrschaft war und schon früh vor den antisemitischen Ausschreitungen der Nazis gewarnt hatte, half vielen verfolgten Juden. Sie unterstützte sie mit Geld, das die studierte Musikerin als Cello-Lehrerin und Orchestermusikerin verdiente, schmuggelte Wertsachen emigrierter Juden ins Ausland, schickte Lebensmittelpakete ins KZ Theresienstadt und versteckte unter großer persönlicher Gefahr Potsdamer Juden in ihrem Haus, darunter die ‚halbjüdische' Pianistin Gisela Distler-Brendel, die so die Nazi-Zeit überlebte.

Baronesse von Mirbach

Ihren eigenen Verlobten, den Juristen Julius Lazarus, der 1939 in die Niederlande emigriert war, konnte von

Mirbach nicht retten. Er kam 1944 vermutlich in Auschwitz ums Leben.

Ihr mutiges Handeln wurde nach 1945 kaum anerkannt – weder in der DDR, die sich als ‚Arbeiter- und Bauernstaat' definierte und ihrer adeligen Herkunft misstraute, noch in der Bundesrepublik.

1953 siedelte sie nach West-Berlin über, wo sie bis zu ihrem Tod in bescheidenen Verhältnissen in einer Charlottenburger Wohnung lebte und ihren Lebensunterhalt weiterhin mit Musikstunden finanzierte. Erst 1982 erhielt Baronesse von Mirbach eine angemessene Würdigung. Der Staat Israel verlieh ihr für ihren engagierten Einsatz für verfolgte Juden im „Dritten Reich" die Auszeichnung „Gerechte unter den Völkern". ■

Die im Jahr 1900 nahe dem Neuen Garten erbaute Großbürgervilla war 48 Jahre lang Wohnsitz der Baronesse von Mirbach. Während der NS-Zeit versteckte sie hier verfolgte Juden

Wolfgang Amadeus **MOZART**

Komponist
(geb. 1756 Salzburg – gest. 1791 Wien)

Potsdam-Innenstadt, Am Bassin 10

Dass Wolfgang Amadeus Mozart bei seinem zweiwöchigen Aufenthalt in Potsdam hier logierte, wird allgemein angenommen, konnte aber bis heute nicht eindeutig belegt werden. Sicher jedoch ist, dass er den Hornisten Carl Türrschmidt, der damals in dem Haus am Bassinplatz lebte, von seinen Parisaufenthalten her kannte.

Wolfgang Amadeus Mozart (Silberstiftzeichnung von Dorothea Stock, 1789)

Mit Karl Fürst von Lichnowsky, seinem Logenbruder und ehemaligen Klavierschüler, war Mozart über Prag, Dresden und Leipzig im Frühjahr 1789 nach Berlin gereist und am 25. April in Potsdam eingetroffen, um » Friedrich Wilhelm II. „seine Talente zu Füßen legen", zumal der musikliebende preußische König mehrfach den Wunsch geäußert hatte, das musikalische Genie einmal bei Hofe zu haben. Mozart, trotz seiner Popularität als Komponist und Konzertmeister immer wieder in Geldnot, hoffte auf lukrative Kompositionsaufträge und wohl auch auf eine Kapellmeisterstelle. Nach einem einzigen Auftritt vor dem preußischen Königspaar am 26. Mai im Berliner Schloss erhielt er aber lediglich die Bestellung von sechs Streichquartetten und Klaviersonaten, mit der er zwei Tage später nach Wien zurückkehrte.

Eine Gedenktafel über dem Eingang (Mitte) erinnert an Mozarts Potsdam-Aufenthalt vom 25. April bis 6. Mai 1789. Das Haus gehört zur Randbebauung des Bassinplatzes, die zwischen 1773 und 1776 durch » Carl von Gontard im holländischen Stil errichtet wurde

Ein Teil des königlichen Auftrags sind die sog. „Preußischen Quartette" (KV 575, 589, 590), Mozarts letzte drei Streichquartette (1789/90), in denen er dem Cello, dem Lieblingsinstrument des Preußenkönigs, eine bevorzugte Stellung einräumte. ■

Buchhändler, Verleger (geb. 1833 Minden – gest. 1904 vermutlich Potsdam)

Potsdam-Babelsberg, Karl-Marx-Straße 2

Carl Müller-Grote gehörte zu den Erfolgsverlegern des späten 19. Jahrhunderts. 1859 übernahm er die „G. Grotesche Sortiments- und Verlagsbuchhandlung" in Hamm, nachdem er die Witwe des verstorbenen Besitzers geheiratet hatte. 1865 verkaufte er die Buchhandlung, verlegte den Sitz des Verlags nach Berlin und machte sich dort mit der Herausgabe illustrierter Klassikerbände und Enzyklopädien, monumentaler Kunstbücher, darunter ein Katalog der Gemälde-Galerie der Königlichen Museen, sowie seiner „Groteschen Sammlung von Werken zeitgenössischer Schriftsteller", in der u.a. preiswerte Ausgaben von Theodor Fontane erschienen, einen Namen.

Bekannter als er selbst ist Müller-Grotes ehemaliger Sommersitz, ein übergroßes englisches Landhaus mit Barockanklängen, das er sich als sichtbares Zeichen seines Erfolgs in der Villenkolonie Neubabelsberg auf einem

Die großbürgerliche Villa wurde 1890 bis 1892 durch die Berliner Architekten Kayser & von Groszheim als Sommersitz des Verlegers Carl Müller-Grote erbaut. Bekannter ist sie als „Truman-Villa"

Grundstück am Griebnitzsee erbauen ließ.

Berühmt wurde das Haus lange nach Müller-Grotes Tod als Residenz des US-Präsidenten Harry S. Truman während der Potsdamer Konferenz vom 17. Juli bis zum 2. August 1945. Gegenwärtig befindet sich hier der Sitz der Friedrich-Naumann-Stiftung, für die das Haus nach einem Brand 1999 saniert wurde.

Müller-Grote ist auf dem Alten Friedhof in Klein-Glienicke begraben. ■

Architekt, Bühnenbildner, Maler (geb. 1869 Berlin – gest. 1936 Berlin)

Potsdam-Sanssouci, Am Neuen Palais, „Communs"

Hans Poelzig

Die Communs, ein monumentaler spätbarocker Architekturkomplex, vor der Hofseite des Neuen Palais am westlichen Rand des Sanssouci-Parks gelegen, wurden 1766 bis 1769 von » Carl von Gontard nach einem abgewandelten Entwurf des französischen Architekten Jean Laurent le Geay als Wirtschaftsgebäude des Neuen Palais mit Küchen, Dienerunterkünften, Ställen und Wagenremisen erbaut.

Hans Poelzig, nach langjährigem Aufenthalt in Dresden, 1920 als Architekturprofessor an die Berliner Akademie der Künste und die Charlottenburger TH berufen, verlegte sein Meisteratelier 1922 in den südlichen der beiden Communs, da er in Berlin keine geeigneten Räume gefunden hatte. Seine Pläne, hier auch Maler- und Bildhauerateliers, eine Keramikwerkstatt sowie eine Modelltischlerei unterzubringen, um eine kreative Zusammenarbeit verschiedener Künste und Handwerke zu fördern, wurden nicht realisiert; lediglich eine Duncan-Tanzschule zog zeitweise mit ein.

In Potsdam errichtete Poelzig kein einziges Gebäude. Seine bedeutenden Werke dieser Zeit entstanden fast ausnahmslos in Berlin, darunter das legendäre, im Zwei-

Blick auf den südlichen Commun – der Monumentalbau wird heute von der Universität Potsdam genutzt

ten Weltkrieg zerstörte Große Schauspielhaus (1918/19), eines der bedeutendsten Beispiele expressionistischer Architektur, das Kino „Babylon" am Rosa-Luxemburg-Platz (1927) und das Haus des Rundfunks in der Charlottenburger Masurenallee (1929/30). ■

Günther Quandt

Textilkaufmann, Industrieller (geb. 1881 Pritzwalk – gest. 1954 Kairo)

Potsdam-Babelsberg, Virchowstraße 1–5

Schon damals konnte sich nur ein Schwerreicher wie Günther Quandt ein derart großes Anwesen in der Villenkolonie Neubabelsberg leisten. Er war einer der erfolgreichsten Industriellen seiner Zeit und bereits um 1920 einer der vermögendsten Männer Deutschlands. Neben seinen Tuchfabriken in Pritzwalk und Wittstock/Dosse betrieb er Metall-, Kali- und Rüstungswerke. Seine AFA-Batteriefabriken (später Varta) versorgten deutsche U-Boote und Kampfflugzeuge während des Zweiten Weltkriegs mit Antriebsaggregaten. Quandts Posten als NS-Wehrwirtschaftsführer war dabei von Vorteil.

Das repräsentative Landhaus nutzte Quandt, der auch eine Villa in der Berliner Frankenallee besaß, ab 1928 für Wochenend- und Sommeraufenthalte mit seiner 20 Jahre jüngeren Frau Magda Ritschel (1901–1945) – besser bekannt als Frau von NS-Propagandaminister Joseph Goebbels, den sie nach der Scheidung von Quandt 1931 heiratete, um an seiner Seite zur ‚First Lady' des „Dritten Reichs" aufzusteigen.

Trotz seiner Verwicklungen in die Schreckensherrschaft des Nationalsozialismus – in seinen Werken wurden Zwangsarbeiter und KZ-Häftlinge beschäftigt – konnte Quandt seine Position nach 1945 erfolgreich wieder aufbauen, so dass seine Nachkommen u.a. als Hauptaktionäre des Autoherstellers BMW noch heute zu den reichsten deutschen Unternehmerfamilien zählen. ■

Quandts ehemaliger Landsitz: eines der größten Anwesen am Griebnitzsee, um 1907 von Kaiser & von Groszheim für Rittmeister von Bernuth erbaut

Bildhauer
(geb. 1729 Bayreuth – gest. 1783 Berlin)
(geb. 1733 Bayreuth – gest. 1776 Berlin)

Potsdam-Innenstadt, Lindenstraße 44

„Auf Euer König. Majestät allergnädigsten Befehl, habe ich mich ferner bemüht einige derer hiesigen Künstler zu engagieren. [...] Auch sind hier zwey Bildhauer die Gebrüdere Rentzen. Dieses sind noch junge Leute, aber von Genie und vielen Talenten und sonder Zweifel von denen hiesigen Bildhauern die besten", berichtete der preußische Gesandte Buchholtz über seine Suche nach geeigneten Künstlern 1763 aus Bayreuth an » Friedrich II. nach Potsdam.

Mit anderen Bayreuther Künstlern und Architekten, darunter » Carl von Gontard und » Georg Christian Unger, wurden die Brüder Johann David und Johann Lorenz Wilhelm Räntz bald darauf zum Ausbau und zur Verschönerung der Residenzstadt nach Potsdam berufen. Sie arbeiteten mit an der Dekoration der großen Neubauten im Park von Sanssouci, wie den Neuen Kammern, den Communs und dem Neuen Palais, für das sie einige der mythologischen Fassadenstatuen sowie die Brunnenfiguren im Grottensaal (Putti auf Delfinen) schufen. Für Johann Joachim Quantz (1697–1773), den Flötenlehrer Friedrichs II., entwarfen sie ein Grabdenkmal (Alter Potsdamer Friedhof, heute Kopie). Von Johann Lorenz Wilhelm, dem begabteren der Räntz-Brüder, stammt die Marmorstatue der Markgräfin Wilhelmine von Bayreuth (1709–1758), der Lieblingsschwester des Königs, im Freundschaftstempel beim Neuen Palais – ein Auftrag, den Räntz wohl deshalb erhielt, weil er sie aus seiner Bayreuther Zeit noch persönlich gekannt hatte. ■

Das Gebäude neben der Alten Wache errichtete » Carl von Gontard im Jahr 1770. Die Brüder Räntz, die häufig mit ihm zusammenarbeiteten, schufen den Fassadendekor und bewohnten seit 1772 selbst einen Teil des Hauses. Sie besaßen außerdem ein Haus in der Brandenburger Straße 60

Fassadendetail

Edwin Redslob

Kunst- und Kulturhistoriker
(geb. 1884 Weimar – gest. 1973 Berlin/West)

Potsdam-Babelsberg, Am Klubhaus 2

Edwin Redslob war seinerzeit ein klassischer Vertreter des gebildeten Ästheten: Kunsthistoriker, Schriftsteller, Sammler und Insider der zeitgenössischen Kulturszene. Er schrieb fachwissenschaftliche Abhandlungen („Barock und Rokoko in Schlössern von Berlin und Potsdam", 1954), Erzählungen, einen Roman sowie Biografien, u.a. über Goethe (1932) und Charlotte von Stein (1943).

1920 wurde er zum Reichskunstwart im Berliner Innenministerium ernannt. Zuständig für das offizielle Erscheinungsbild des Deutschen Reiches organisierte Redslob Staatsakte wie die Trauerfeier des 1922 ermordeten Außenministers Walther Rathenau. Er überwachte die Gestaltung von Banknoten, Briefmarken und Staatssymbolen (Reichsadler) – bis er 1933 durch die NS-Machthaber zwangsweise in den Ruhestand versetzt wurde.

Redslob gehörte die rechte Hälfte des um 1920–1922 von Georg Thofehrn erbauten Doppelhauses

Nach dem Zweiten Weltkrieg gehörte er zu den Mitbegründern des Berliner „Tagesspiegel" und der Freien Universität Berlin, an der er als Professor und 1949/50 als Rektor wirkte.

Sein kleines Babelsberger Haus, das er 1924 gekauft hatte, teilte er mit seiner Frau und seinen zwei Töchtern sowie seiner umfangreichen Sammlung von historischem Spielzeug, Weimar-Bildern, Goethebüchern und expressionistischen Gemälden, u.a. von Ernst Ludwig Kirchner, der Redslob 1924 porträtiert hatte. ■

Geheimer Kämmerer Friedrich Wilhelms II. (geb. 1755 Potsdam – gest. 1809 Potsdam)

Potsdam-Berliner Vorstadt, Berliner Straße 136

Er war schlau, aber unbestechlich. „Es gefiel ihm", berichtete Anne-Henri Dampmartin, „hochmütige Gestalten, die sich ihm näherten, in Verlegenheit und Verwirrung zu versetzen. Aus einer Eigenliebe, die dem Stolz seiner Seele entsprang, trat er mit einer Art Bosheit unter die Augen der Großen, die ihn zu gewinnen suchten, obgleich sein Geschick ihn fern ihrer Höhe geboren sein ließ. Ew. Exzellenz oder Ew. Hoheit, sagte er, ehren den Sohn eines armen Gärtners zu sehr, der keine anderen Anrechte auf soviel Gütigkeiten hat, als die Liebe und die Erkenntlichkeit, die er gegen seinen hohen Herrn hegt."

Als Kammerdiener am preußischen Hof gewann der Potsdamer Gärtnersohn Johann Friedrich Ritz das unbedingte Vertrauen von >> Friedrich Wilhelm II., der ihn als „guten Freund und Camerad" 1786 zum Kämmerer „seines Hauses und seiner Schatulle" ernannte. „Fast alle öffentlichen Angelegenheiten des [!] K. M." [Königliche Majestät], erzählte Ritz rückblickend, „sind durch meine Hände gegangen und alle einkommenden Sachen [...] habe ich eröffnen, des K. Mst. vortragen und dero Befehle selbst expedieren, theils an die Cabineths-Räte dazu oder zur Remission abgeben müssen."

Johann Friedrich Ritz (Gemälde eines nicht bekannten Malers, verschollen)

Den Adelstitel lehnte Ritz ab: „Ich will arbeiten, solange ich kann, und solange meine Dienste dem König nicht mißfallen, alsdann aber wünsche ich nichts mehr als ganz ruhig das Ende meiner Tage hier bey Potsdam zu beschließen [...]. Jeder andere Stand würde mir [!] beunruhigen und mich unglücklich machen [...]".

Der Nachwelt ist Ritz hauptsächlich als Scheinehemann der Wilhelmine Encke alias >> Gräfin von Lichtenau bekannt, der lebenslangen Mätresse des Königs. Ritz kannte sie bereits aus seiner Jugendzeit, da sie 1767 im Hause

seines Vaters Johann Heinrich Ritz (1732–1802) untergebracht worden war. „Meine Verheyrathung geschah ohne Neigung bloß auf Befehl“, sagte Ritz nach seiner Eheschließung im Jahr 1782, stellte aber später fest, dass „sich die Liebe hinterher fand.“ Der gemeinsame Sohn Friedrich Wilhelm Ritz, dessen Pate Friedrich Wilhelm II. war, wurde zusammen mit Enckes Kindern aus dem Verhältnis mit dem König erzogen.

Nachdem die Ehe mit Enckes Erhebung in den Adelsstand 1796 wieder geschieden worden war, heiratete Ritz 1799 die schöne und talentierte Schauspielerin und Opernsängerin Henriette Rahel Baranius (1768–1853), die besonders als Mozart-Interpretin an der Berliner Hofoper große Erfolge feierte. Sie war wohl ebenfalls eine frühere Geliebte des Königs.

Die elegante klassizistische Villa in der Berliner Straße wurde als gemeinsamer Wohnsitz des Paares errichtet. Baranius soll das Grundstück aber bereits in den 1790er-Jahren von Johann Heinrich Ritz gekauft haben. Der großzügige, einst bis zum Heiligen See verlaufende Landschaftspark, ist heute überbaut. ■

Die elegante Villa Ritz-Baranius wurde 1798 bis 1800 von Michael Philipp Daniel Boumann, dem Architekten des Palais von >> Wilhelmine Gräfin von Lichtenau, errichtet. Sie gehört zu den architekturgeschichtlich bedeutendsten klassizistischen Villenbauten Potsdams. Heute befindet sich hier ein Kindergarten

Schau-spielerin, Tänzerin (geb. 1913 Kairo – gest. 2004 Baden bei Wien)

Potsdam-Babelsberg, Domstraße 28

Die in den 1920er-Jahren für den Kaufmann Kurt Töpfer erbaute Villa gehörte seit 1930 dem jüdischen Filmproduzenten und Regisseur Alfred Zeisler (1892–1985), der die junge Marika Rökk als Produktionsleiter der UFA anfangs gefördert hatte. Als er 1935 nach Großbritannien emigrierte, kaufte sie die Villa samt Inventar und gehörte damit neben >> Brigitte Horney zu den wenigen Filmstars, die sich dauerhaft in der Villenkolonie Neubabelsberg niederließen.

Die in Budapest aufgewachsene Schauspielerin, die anfangs schlecht Deutsch sprach, kam 1934 nach Deutschland. Mit ihrem Markenzeichen „Herz mit Paprika", d.h. schöne Beine, sprühendes Temperament und ungarischer Akzent, etablierte sie sich schnell als einer der Topstars des NS-Unterhaltungsfilms. Vor allem in den Revue- und Operettenstreifen ihres ersten, 33 Jahre älteren Mannes Georg Jacoby (1880–1964), darunter „Der Bettelstudent" (1936) und „Frauen sind doch bessere Diplomaten" (1941) hatte sie ihre größten Erfolge. Sie spielte und sang gekonnt, überzeugte aber vor allem durch ihre

Die ehemalige Villa Rökk – Der UFA-Star lebte hier mit dem Filmregisseur Georg Jacoby, den sie 1935 bei Dreharbeiten kennen gelernt und 1940 geheiratet hatte

mitreißenden Tanzeinlagen. Schon seit ihrem achten Lebensjahr war sie eine erfolgreiche Tänzerin mit internationalen Tourneen und einem Auftritt im legendären Pariser „Moulin Rouge".

Marika Rökk

Als UFA-Star hatte Rökk enge Berührung mit der Nazi-Elite, v.a. mit Reichspropagandaminister und ‚Kulturchef' Joseph Goebbels, was ihr nach dem Zweiten Weltkrieg Kritik und für einige Zeit auch ein Auftrittsverbot eintrug. Wie viele ihrer Kollegen beharrte sie jedoch darauf, politisch naiv und vollkommen unwissend gewesen zu sein, getreu dem Filmsong aus „Die Frau meiner Träume" (1944): „Schau nicht hin, schau nicht her,/schau nur geradeaus,/und was dann auch kommt,/mach' dir nichts daraus!"

Beim Publikum nach wie vor beliebt, konnte sie sich im Filmgeschäft nach 1945 bald wieder etablieren, auch wenn ihre beste Zeit vorbei war. Obwohl seit 1950 von ihrem Mann getrennt, spielte sie in zahlreichen neuen, auf sie zugeschnittenen Jacoby-Filmen („Die Csardasfürstin", 1951; „Maske in Blau", 1952 ; „Die Nacht vor der Premiere", 1959). Gemeinsam mit ihrer Tochter Gabriele Jacoby (geb. 1944) trat sie in Revuen, Musicals und Fernsehshows auf. Mit bewundernswerter Energie schwang sie noch in fortgeschrittenem Alter ihre jung gebliebenen Beine. Mit dem Slogan „Man kann nicht früh genug damit beginnen!" machte sie Ende der 1960er-Jahre Fernseh-Werbung für Hormocenta – eine der ersten Anti-Aging-Cremes.

Seit 1968 mit dem österreichischen Schauspieler Fred Raul verheiratet, lebte sie später in Baden bei Wien. In den 1990er-Jahren erhob Rökk Restitutionsansprüche auf ihr Potsdamer Haus, die sie nach einem Rechtsstreit mit den Zeisler-Erben 2001 jedoch zurückzog. ■

Schauspieler (geb. 1902 Essen – gest. 1994 Aufkirchen/Starnberger See)

Potsdam-Babelsberg, Karl-Marx-Straße 66

Mehr als 60 Jahre lang war Heinz Rühmann einer der ganz großen Stars im deutschen Filmgeschäft. Seine Karriere begann er als Endzwanziger mit der spritzigen UFA-Komödie „Die Drei von der Tankstelle" (1930) und beendete sie im Alter von 91 Jahren mit einer Nebenrolle in Wim Wenders' Spielfilm „In weiter Ferne so nah!" (1993).

Ob im NS-Unterhaltungsfilm oder in anspruchsvolleren Rollen nach dem Zweiten Weltkrieg, Rühmann spielte sich als kleiner gewitzter Biedermann in die Herzen seiner Fans.

Auch privat stand er auf der Sonnenseite, er und seine zweite Frau, die Schauspielerin Hertha Feiler (1916–1970), gehörten zu den Traumpaaren des NS-Films.

Einen Karriereknick gab es 1945. Wegen seiner Nähe zur Nazi-Elite erhielt er zeitweise Auftrittsverbot. Kritisiert wurde auch, dass er sich 1938 von der jüdischen Schauspielerin Maria Bernheim (geb. 1897) hatte scheiden lassen. Da sie damals ohne ‚arischen' Ehemann schutzlos war, arrangierte er allerdings eine Scheinehe seiner Exfrau mit einem schwedischen Staatsbürger, den er finanziell abfand.

In der Babelsberger Villa stieg Rühmann während vieler Dreharbeiten in den nahe gelegenen Filmstudios ab. Obwohl die UFA hier auch andere Stars unterbrachte, hat sich die Bezeichnung ‚Rühmann-Villa' eingebürgert. 1938 bezog er ein eigenes Haus am Kleinen Wannsee in Berlin (nicht erhalten). ■

Heinz Rühmann

Die kleine ‚Ritterburg' in der Villenkolonie Neubabelsberg wurde 1895 von Gustav Lilienthal, dem jüngeren Bruder des berühmten Flugpioniers Otto Lilienthal, für den Generalleutnant und Leiter der Kadettenanstalt Berlin-Lichterfelde Oskar Lademann (1840–1930) erbaut. In den 1930er-Jahren nutzte sie die UFA als Gästehaus

Maler, Grafiker, Schriftsteller (geb. 1856 Frankfurt/Main – gest. 1927 Potsdam)

Potsdam-Berliner Vorstadt, Ludwig-Richter-Straße 17

Als ihm sein Vater 1893 ein Vermögen hinterließ, überlegte Fritz Rumpf sich in Florenz niederzulassen, entschied sich aber dann für Potsdam, das er aus seiner Studentenzeit an der Berliner Akademie kannte.

Fritz Rumpf (Gemälde von Lovis Corinth, 1901)

Mit seiner Familie – Rumpf und seine Frau Margarethe, geb. Gatterer, hatten eine Tochter und fünf Söhne, darunter der spätere Künstler und Japanologe Fritz Rumpf d.J. (1888–1949) – bezog er 1894 seine Villa am Heiligen See, die gemeinschaftlich mit dem Architekten Gustav Meyer, einem Frankfurter Schulfreund, entstanden war.

Rumpf, der als warmherzig, vielseitig gebildet und ausgesprochen uneitel galt, führte ein gastfreundliches Haus. Hier verkehrten u.a. der Malerkollege Lovis Corinth, der Rumpf und seine Familie porträtierte und der Schriftsteller Cäsar Flaischlen, dessen Bücher Rumpf illustrierte.

Die ehemalige Villa Rumpf – 1894 mit Anklängen an den holländischen Barock erbaut. Heute betreibt der Modedesigner Wolfgang Joop hier sein Modelabel „Wunderkind". Der Turm bietet eine Panoramasicht über den Heiligen See mit Blick auf das gegenüberliegende Marmorpalais von » Friedrich Wilhelm II.

Rumpf, der auch Landschaften, Architekturmotive sowie Stadtansichten von Potsdam malte, ist heute vor allem als engagierter Potsdamer Bürger in Erinnerung. Er war Stadtrat, Gründer und Leiter des Stadtmuseums, arbeitete im Vorstand des Potsdamer Kunstvereins und im Verein für die Geschichte Potsdams. Ganz besonders setzte er sich für die Stadtbildpflege ein („Die Eigenart des Potsdamer Stadtbildes und Vorschläge zu ihrer Erhaltung", 1913).

Sein Mausoleum befindet sich auf dem Potsdamer Neuen Friedhof. ■

Maler
(geb. 1847
Berlin –
gest. 1923
Berlin)

Potsdam-Babelsberg, Virchowstraße 27

Durch ebenso viel Talent wie Glück wurde der Berliner Schuhmachersohn Carl Saltzmann einer der bedeutendsten Marinemaler der Kaiserzeit. Wie sein Künstlerkollege, der Hohenzollernchronist Anton von Werner, verdankte er seine Karriere in erster Linie der Gunst des preußischen Herrscherhauses.

Kronprinzessin Viktoria, die Gemahlin des Kronprinzen Friedrich Wilhelm (dem späteren ‚99 Tage-Kaiser' Friedrich III.), hatte Saltzmann 1878 auf einer Berliner Kunstausstellung ‚entdeckt' und ihn als Reisebegleiter des Prinzen Heinrich von Preußen vermittelt – der Beginn einer langjährigen Reisetätigkeit des damals noch unbekannten Malers.

Einer der Lieblingskünstler Kaiser Wilhelms II.: Marinemaler Carl Saltzmann

Saltzmann begleitete den Prinzen zwischen 1878 und 1880 auf seiner ausgedehnten Seereise mit der „S.M.S. (Seiner Majestät Schiff) Prinz Adalbert“ durch die ganze Welt. Er lernte u.a. England, Portugal, Südamerika, Shanghai und Hongkong kennen und verbrachte fünf Monate in Japan. Dabei produzierte er sich „[...] auf den Gesellschaftsabenden an Bord als Schnellmaler, deklamierte Gedichte im Berliner Jargon, malte Gratulationsurkunden, wenn einer der Bordgäste Geburtstag hatte [...].“ Vor allem aber hielt er die Stationen und Reiseereignisse in unzähligen Zeichnungen und Fotografien fest, nach denen im heimischen Atelier große Ölgemälde entstanden, darunter stimmungsvolle Landschaften wie „Morgendämmerung am Meer“, in erster Linie aber Schiffs- und Seebilder wie „S.M.S. Prinz Adalbert im Taifun", das neben vielen weiteren Bildern Saltzmanns einst im Berliner Stadtschloss hing.

Von 1888 bis 1914 begleitete er Kaiser Wilhelm II., den er wie dessen Bruder Heinrich im Malen und Zeichnen unterrichtet hatte, auf dessen Seereisen, davon allein auf 22 Nordlandfahrten, meist auf der „S.M.S. Hohenzollern". Neben eindrucksvollen Naturdarstellungen der skandinavischen Küsten, Fjorde und Gletscher schuf Saltzmann eine große Anzahl weiterer Marinebilder, darunter „Kreuzerfregatte Leipzig bei St. Helena" (1893) und „Eine Manöverfahrt" (1896), die heute in der Berliner Nationalgalerie hängen.

Die historistische Künstlervilla wurde 1890 von den Architekten Ende & Böckmann erbaut. Im rechten Anbau befand sich Saltzmanns Atelier, in dem er auch Schüler unterrichtete

Wie viel er gesellschaftlich erreicht hatte, demonstriert unübersehbar seine große Babelsberger Villa, die er sich in bester Lage am Uferhang des Griebnitzsees erbauen ließ. Zeitgenössische Fotografien der Wohnräume zeigen das großbürgerliche Ambiente der Gründerzeit.

1912, nach dem Tod seiner Frau Clara Auguste, einer Berliner Kaufmannstochter, mit der er drei Töchter und einen Sohn hatte, verkaufte Saltzmann die Villa und zog wieder in seine Geburtsstadt Berlin, wo er seit 1894 als Professor für Marinemalerei an der Kunstakademie lehrte.

Seine Grabstätte auf dem Alten Friedhof in Klein-Glienicke, das heute zu Potsdam gehört, ist erhalten. ■

Friedrich SARRE

Kunsthistoriker, Orientalist (geb. 1865 Berlin – gest. 1945 Potsdam)

Potsdam-Babelsberg, Spitzweggasse 6

Friedrich Sarre gilt als Begründer der islamischen Kunstgeschichtsforschung in Deutschland und war ein hervorragender Kenner des Vorderen Orients und Kleinasiens. Seine Publikationen, darunter die Bücher „Reise in Kleinasien“ (1895), „Denkmäler persischer Baukunst“ (1901–1910) und viele Abhandlungen über Keramik und Orientteppiche, persische Miniaturmalerei und islamische Bucheinbände, setzten in dem seinerzeit noch jungen Wissenschaftszweig Maßstäbe.

Auf Wunsch des damaligen Generaldirektors der Berliner Königlichen Museen Wilhelm von Bode war Sarre ab 1904 maßgeblich am Aufbau der Islamischen Abteilung im Kaiser-Friedrich-Museum (heute Bode-Museum) beteiligt, die er bis 1921 ehrenamtlich und danach, bis zum Ruhestand 1931, als beamteter Direktor leitete. Für die Gründung der Abteilung stellte er sogar einen Großteil seiner Privatsammlung orientalischer Keramiken und Fayencen zur Verfügung, die er dem Museum später schenkte.

Im Jahr 1900 heiratete Sarre Maria Humann (1875–1970), die Tochter des Pergamon-Ausgräbers Carl Humann, die er bei einem Aufenthalt in Smyrna kennen gelernt hatte. Für sich und seine Familie – die Sarres hatten zwei Söhne und zwei Töchter, darunter Marie-Louise, die später durch ihre Kontakte zu NS-Widerstandskreisen bekannt wurde – ließ er die noble Babelsberger Turmvilla im Stil der italienischen Frührenaissance erbauen. Schon außen zeigte sie, dass es sich um den Wohnsitz eines Kunstgelehrten handelte: Die Fassaden schmückten ursprünglich zahlreiche antike Spolien, darunter ein palmyrenisches Grabrelief (2. Jh. n. Chr.), das zu den wenigen erhaltenen Stücken aus Sarres Besitz gehört. Aus dem offenen Säulenumgang des linken Aussichtsplateaus leuchtet noch heute weit sichtbar der Löwenfries aus farbiger Keramik – eine Nachbildung des berühmten Löwenfrieses an der Prozessionsstraße von Babylon (Ära Nebukadnezars II., 605–562 v. Chr.), an dessen Rekonstruktion Sarre seinerzeit beteiligt gewesen

Friedrich Sarre

Ein Blick auf die Gartenseite des Anwesens. Die Neorenaissance-Villa ließ sich Sarre 1906 von Otto Sior erbauen. Von 1957 bis Anfang der 1990er-Jahre wurde sie durch die Hochschule für Film- und Fernsehen der DDR genutzt

Der Löwenfries im linken Aussichtsplateau

war (heute im Berliner Pergamon-Museum).

Dem leidenschaftlichen Orientalisten blieb es erspart, nach Ende des Zweiten Weltkriegs den Verlust seines Hauses und seiner kostbaren Sammlung erleben zu müssen. Inmitten seiner Kunstschätze starb er am 31. Mai 1945 und wurde, wie viele Potsdamer Honoratioren, auf dem Alten Friedhof in Klein-Glienicke bestattet. Seine Frau Maria musste die Villa drei Tage nach seiner Beerdigung auf Befehl der sowjetischen Besatzer innerhalb einer Stunde räumen und fast allen persönlichen Besitz zurücklassen – neben unersetzlichen Kunstwerken, eine wertvolle Bibliothek, unzählige Fotografien und die Briefkorrespondenz ihres Mannes. Während sie in die Schweiz fliehen konnte, wurde der Nachlass geplündert und zerstreut. ■

Schauspielerin (geb. 1909 Düren – gest. 1955 München)

Potsdam-Babelsberg, August-Bier-Straße 6

Sybille Schmitz galt in den 1930er-Jahren als „schönste Frau Deutschlands". Ihre dunkelhaarige, kühle Schönheit, die eher in die Zeit der Weimarer Republik passte, entsprach nicht gerade dem Frauenideal des Nazi-Filmgeschäfts, das ‚süße Mädels' wie die zierliche, blonde Lilian Harvey, die temperamentvolle » Marika Rökk und die schwermütige Diva Zarah Leander zu Publikumslieblingen gemacht hatte. Dennoch war Schmitz als ‚neuer Typ' im NS-Unterhaltungsfilm gefragt, sie bediente die Rollenprofile „starke, freiheitsliebende Frauen" und „schöne, einsame Frauen, die ein Geheimnis umgibt", wie es ihr Biograf Friedemann Beyer charakterisierte.

Ihr künstlerischer Durchbruch kam, nach einem Engagement an Max Reinhardts Deutschem Theater in Berlin, kleinen Filmrollen in „Tagebuch einer Verlorenen" von Georg Wilhelm Pabst (1929) und „Vampyr" von Carl Theodor Dreyer (1932), mit dem erfolgreichen Science-Fiction-Streifen „F.P.1 antwortet nicht" (1932), einem Film um den Bau einer künstlichen Ozeaninsel zwischen Europa und Amerika, in dem sie neben Hans Albers als ‚Fliegerheld' in kleidsamer Pilotenkluft die weibliche Hauptrolle „Claire Lennartz" spielt.

Sybille Schmitz als „Claire Lennartz" in ihrem Filmerfolg „F.P.1 antwortet nicht"

Es folgten 26 UFA-Filme, darunter „Fährmann Maria" (1936), ihr berühmtester Film, „Die Umwege des schönen Karl" (1938, mit » Heinz Rühmann), „Trenck, der Pandur", (1940, wiederum mit Hans Albers) und „Titanic" (1943), der wegen des für Nazi-Deutschland schlechten Kriegsverlaufs von Propagandaminister und ‚NS-Filmchef' Joseph Goebbels zurückgezogen wurde.

Die Babelsberger Villa bewohnte Schmitz, wenn sie in den nahe gelegenen UFA-Studios drehte. Ihren Hauptwohnsitz hatte sie seit 1936 in Berlin-Grunewald. Mit ihrem Mann, dem deutsch-schwedischen Drehbuchautor Harald

G. Petersson (1904–1977), lebte Schmitz, die auch Verhältnisse zu Frauen hatte, ab 1943 im österreichischen Krimml im Pinzgau.

Nach dem Zweiten Weltkrieg fand sie kaum noch geeignete Rollen: „Die Scheinwerfer sind aus. Sie werden für mich nicht mehr angehen, das weiß ich. Die Angebote, die man mir jetzt macht, sind Angebote aus Mitleid. Das ist schlimmer als alles andere. Keiner sagt es mir ins Gesicht, aber ich weiß, was viele denken, wenn der Name Sybille Schmitz fällt. Sie denken: passé, erledigt! [...] Für Frauen meiner Art ist kein Platz mehr im deutschen Film."

Sie wurde alkohol- und tablettensüchtig und geriet in Abhängigkeit zu einer Ärztin, die ihr auf Privatrezept Morphium verschrieb. Nach mehreren gescheiterten

Die große Villa Ecke Rosa-Luxemburg-Straße bewohnte die Schauspielerin bei Filmaufnahmen in den Babelsberger UFA-Studios

Selbstmordversuchen starb sie am 13. April 1955 im Alter von nur 45 Jahren an einer Überdosis Schlafmittel.

Ihr letzter, tragischer Lebensabschnitt war Vorbild für Rainer Werner Fassbinders Spielfilm „Die Sehnsucht der Veronika Voss" (1981). ■

Hermann SCHULZE-DELITZSCH

Jurist, Sozialreformer, Politiker (geb. 1808 Delitzsch/Sachsen – gest. 1883 Potsdam)

Potsdam-Nauener Vorstadt, Friedrich-Ebert-Straße 67

„Was du nicht allein vermagst, dazu verbinde dich mit anderen, die das Gleiche wollen", lautete die Philosophie von Hermann Schulze-Delitzsch.

Er war studierter Jurist, arbeitete als Richter – von 1841 bis 1849 als Patrimonialrichter in seiner sächsischen Heimatstadt Delitzsch – und engagierte sich als Politiker. Sein Lebenswerk aber ist der Aufbau des deutschen Genossenschaftswesens.

Angesichts der wachsenden Not der Bevölkerung um die Mitte des 19. Jahrhunderts hatte er in Delitzsch bereits 1846 eine Mühle samt Bäckerei gepachtet, um selbst Brot herzustellen und es kostenlos oder zu ermäßigten Preisen abgeben zu können. Für Tischler und Schuhmacher schuf er Genossenschaften, damit sie gemeinsam Arbeitsmaterialien erwerben konnten, und für Delitzscher Bürger richtete er wenig später eine Kranken- und Sterbekasse ein.

Nach der Devise Selbsthilfe und solidarisches Handeln ohne staatliche Einmischung warb er in Vorträgen, Zeitschriften und Buchpublikationen so erfolgreich für seine Idee genossenschaftlicher Verbände, dass sich bald Werk-, Produktions- und Baugenossenschaften in ganz Deutschland gründeten. 1859 fasste sie Schulze-Delitzsch zu einem Zentralverband zusammen, 1867 wurde durch seinen maßgeblichen Einfluss das erste deutsche Genossenschaftsgesetz verabschiedet. Namentlich durch den Arbeiterführer Ferdinand Lasalle wurde er jedoch auch kritisiert, da er mit seinen am kleinen Gewerbetreibenden orientierten ökonomischen Vorstellungen die Masse der Fabrikarbeiter nicht erreichte.

Hermann Schulze-Delitzsch

1848 wurde Schulze-Delitzsch in der verfassungsgebenden Preußischen Nationalversammlung in Berlin Abgeordneter seiner Heimatstadt (seitdem trug er den Namenszusatz Delitzsch), musste sein Mandat aber schon 1850 wieder aufgeben. In einer Rede hatte er die 41 oppositionellen Abgeordneten verteidigt, die aus Protest gegen die vom König angeordnete Vertagung des Parlaments,

einen Steuerverweigerungsbeschluss getroffen hatten. Schulze-Delitzsch wurde als Kreisrichter nach Wreschen bei Posen strafversetzt, gab die Stelle aber 1851 wieder auf und schlug sich mit der Anfertigung von Rechtsgutachten durch. Jede politische Tätigkeit war ihm verboten.

Von 1862 bis 1883 die Wohnadresse von Hermann Schulze-Delitzsch. Der damals noch schlichte Bau wurde erst 1903 bis 1905 zur repräsentativen „Villa Baumgart“ ausgebaut

Erst 1862 kehrte er in den Preußischen Landtag zurück und lebte seitdem mit seiner Frau Berta, geb. Jacobs, der Tochter eines Berliner Dampfölfabrikanten, und Sohn Otto in Potsdam. Sein langjähriger Wohnsitz in der Friedrich-Ebert-Straße 67 war damals noch ein einfaches Haus, das um 1765 errichtet worden war. Erst zwanzig Jahre nach seinem Tod wurde es für die Armaturenfabrikantin Marie Baumgart von Carl Partik zu einer repräsentativen Neobarockvilla umgebaut.

Auf dem Alten Friedhof in der Heinrich-Mann-Allee ist Schulze-Delitzsch, der als anerkannter und geehrter Mann am 29. April 1883 in Potsdam starb, begraben. ■

Landwirt, NS-Widerstandskämpfer
(geb. 1902 Kopenhagen – hingerichtet 8.9.1944 Berlin-Plötzensee)

Potsdam-Innenstadt, Leiblstraße 5

„[...] Ich dachte an die vielen Morde." – „MORDE?" – „Die im In- und Ausland." – „Sie sind ja ein schäbiger Lump. Zerbrechen Sie unter der Gemeinheit?" [...] „Nein!"

Die erschütternde Szene zwischen dem keifenden und tobenden NS-Richter Roland Freisler und dem trotz schwerster Demütigungen aufrechten Angeklagten Ulrich-Wilhelm Graf von Schwerin von Schwanenfeld im Prozess vor dem Berliner Volksgerichtshof am 21. August 1944 hat sich tief ins Gedächtnis der Nachwelt eingebrannt.

Von Schwerin, selbst NSDAP-Mitglied, lehnte den Nationalsozialismus schon bald ab und begann, sich aktiv im Widerstand gegen das NS-Regime zu engagieren. Als Wehrmachtsleutnant am Überfall auf Polen beteiligt, schockierten ihn die Massenerschießungen polnischer Juden, die 1939 auch auf Gut Sartowitz (Polen, Landkreis Świecie) durchgeführt wurden, eines seiner eigenen Güter, die der studierte Landwirt selbst verwaltete.

Im Frankreichfeldzug ab Ende 1939 stand er in engem Kontakt zu Erwin von Witzleben, Generalfeldmarschall, „Oberbefehlshaber West" und einer der Hauptakteure des militärischen Widerstands gegen Hitler. Von Schwe-

Konspirativer Treffpunkt des NS-Widerstands: die Wohnung von Graf von Schwerin und Eduard Brücklmeier (linker Teil des Doppelhauses)

rin, der mit Peter Graf Yorck von Wartenburg aus dem christlich-sozial orientierten Kreisauer Widerstandskreis befreundet war, vermittelte zwischen zivilem und militärischem Widerstand.

Ulrich-Wilhelm Graf von Schwerin von Schwanenfeld (oben), 1927, und Eduard Brücklmeier (unten), 1936

Als von Schwerin im Frühjahr 1943 nach Berlin versetzt wurde, mietete er mit dem Diplomaten und promovierten Juristen Eduard Brücklmeier (1903–1944) eine Wohnung in der Potsdamer Leiblstraße 5 (damals Markgrafenstraße).

Brücklmeier, ehemals Mitarbeiter bei Minister Joachim von Ribbentrop im Auswärtigen Amt, war „bereits 1939 wegen einer defätistischen Äußerung hart am Konzentrationslager Sachsenhausen vorbeigeschrammt" (Detlev Graf von Schwerin) und 1940 aus dem diplomatischen Dienst entlassen worden. Wie von Schwerin hatte er sich in den engen Kreis der Verschwörer um den späteren Hitler-Attentäter Claus Graf Schenk von Stauffenberg eingereiht. Die gemeinsame Potsdamer Wohnung, vordergründig ein Ausweichquartier vor den ständigen Bombenangriffen auf Berlin – Potsdam wurde erst kurz vor Kriegsende im April 1945 angegriffen –, diente als konspirativer Treffpunkt. Gemeinsam mit Claus von Stauffenberg, dessen Bruder Berthold, Peter Graf Yorck von Wartenburg, Fritz-Dietlof Graf von der Schulenburg und anderen Beteiligten arbeiteten sie hier an den Vorbereitungen zum Staatsstreich vom 20. Juli 1944 und Plänen zur Neuordnung Deutschlands, nach denen von Schwerin von Schwanenfeld Staatssekretär des zukünftigen Staatsoberhaupts Generaloberst Ludwig Beck werden sollte.

Wie viele ihrer Mitkämpfer, darunter auch >> Ulrich von Hassell, wurden Schwerin und Brücklmeier wenige Wochen nach dem Scheitern des Hitlerattentats zum Tode verurteilt und in Berlin-Plötzensee gehängt. ■

Architekt
(geb. 1852 Zeulenroda – gest. 1932 Berlin)

Potsdam-Babelsberg, Karl-Marx-Straße 34

Der heute nur noch Fachleuten bekannte Heinrich Seeling gehörte in der Kaiserzeit zu den gefragtesten Baumeistern Deutschlands. Vor allem als Theaterarchitekt hatte er sich mit Theaterbauten u.a. in Aachen, Braunschweig, Nürnberg, Kiel und Rostock einen Namen gemacht. Das Berliner „Theater am Schiffbauerdamm" (1891/92 erbaut, heute „Berliner Ensemble") gehört zu seinen prominentesten Werken.

Der Theaterarchitekt Heinrich Seeling

Er arbeitete zunächst als Assistent bei den renommierten Berliner Bauräten Ende & Böckmann und Kayser & von Groszheim, gründete nach seiner Heirat 1878 ein eigenes Architekturbüro und war ab 1907 Stadtbaurat in Charlottenburg (1922 nach Berlin eingemeindet), wo unter seiner Regie Brücken, Schulen, Krankenhäuser und andere öffentliche Bauwerke entstanden.

1901 baute Seeling, den es wie viele wohlhabende Berliner dieser Zeit aus der Enge der Großstadt in die Natur zog, für sich und seine Familie das große Landhaus in der Villenkolonie Neubabelsberg, die seine einstigen Arbeitgeber Ende & Böckmann 1874 gegründet hatten. Mit dem

Seelings ehemaliges Domizil – in bester Lage am Uferhang des Griebnitzsees

Nachbarhaus Nr. 33, in dem der Architekt Carl Zaar, der Erbauer des Elefantentors am Berliner Zoo-Eingang, lebte, gehörte es zu den vornehmsten Bauten der Jahrhundertwende auf den besonders attraktiven, direkt am Griebnitzsee gelegenen Grundstücken. ■

Werner E. Stichnote war der Sohn des Potsdamer Buchdruckereibesitzers Eduard Stichnote, dessen Firmenname „Buchdruckerei E. Stichnote" noch heute über dem Hauseingang der Jägerstraße 30 in der Potsdamer Altstadt zu lesen ist.

Nach einer Buchdruckerlehre übernahm er das Unternehmen des Vaters und betrieb zugleich seinen eigenen kleinen Kunstverlag „Stichnote Offizin".

In den 1940er-Jahren verlegte Stichnote Wohn- und Verlagssitz in das schöne klassizistische Bürgerhaus am Neuen Markt, das ein beliebter Treffpunkt von Künstlern, Schriftstellern und Verlegerkollegen wurde. Kurz vor Ende des Zweiten Weltkriegs beherbergte er hier den aus dem KZ Sachsenhausen entlassenen, schwerkranken Verleger Peter Suhrkamp (1891–1959).

Wie andere Potsdamer, unter ihnen der Schriftsteller >> Hermann Kasack, verließ Stichnote aus politischen Gründen 1951 seine Heimatstadt, um in die Bundesrepublik zu gehen. Er ließ sich in Darmstadt nieder, wo er unter dem Namen „Das Goldene Vließ" eine Neuauflage seines Verlags gründete. 1953 war er Mitbegründer der Ullstein-Taschenbuch GmbH, in die seine eigene Buchreihe „Bürgers Taschenbücher" einfloss, anschließend Geschäftsführer des Ullstein Taschenbuch Verlags und von 1960 bis 1972 Geschäftsführer des Ullstein Verlags. ■

Buchdrucker, Verleger
(geb. 1908 Potsdam – gest. 1994 Darmstadt)

Potsdam-Innenstadt, Am Neuen Markt 8

Stichnotes ehemaliger Wohn- und Verlagssitz (links). Das schöne Bürgerhaus wurde 1773 mit den angrenzenden Häusern Nr. 6 und 7 von >> Georg Christian Unger als Architekturensemble und Rahmung des Neuen Marktes erbaut

Schriftsteller, Jurist
(geb. 1817 Husum – gest. 1888 Hademarschen)

Potsdam-Innenstadt, Brandenburger Straße 70

„[...] nur ich stand eine ganz ewig lange halbe Stunde ganz einsam an die Wand gelehnt und wartete der Vorladung; dabei das drückende Gefühl, in einem wildfremden Lande, wo einem doch der Boden unter den Füßen fehlt, in ein Verhältnis der Unterordnung zu treten: dienen, was ich nie gekonnt habe; das Vorgefühl all des kleinen einschneidenden Wehs kam über mich, was ich in nächster Zeit würde zu erleiden und zu überwinden haben", schrieb Theodor Storm am 24. November 1853 an seine Frau Constanze, geb. Esmarch (1825 – 1865).

Da ihm als schleswig-holsteinischem Patrioten, nach der dänischen Besetzung seiner Heimatstadt Husum, 1852 die Legitimation als Advokat entzogen worden war, bewarb sich Storm in einem langwierigen Auswahlverfahren im preußischen Justizdienst und hatte schließlich keine andere Wahl, als eine anfangs unbesoldete Stelle am Potsdamer Kreisgericht anzunehmen.

Theodor Storm, nach 1864

Mit finanzieller Unterstützung der Eltern konnte er im Dezember 1853 mit seiner Frau und seinen drei kleinen Söhnen – die Tochter Lisbeth kam im Sommer 1855 in Potsdam zur Welt – zunächst die Wohnung in der Brandenburger Straße beziehen, musste aber bereits ein halbes Jahr später in eine billigere Unterkunft in der Waisenstraße 68 (heute Dortustraße; 1989 abgerissen) wechseln. Die ersten ausgezahlten Diäten waren so niedrig, dass sie kaum für die Miete reichten.

Als Schriftsteller war Storm zu dieser Zeit kein Unbekannter mehr. Seine Lyrik wurde hoch geschätzt – Theodor Fontane zählte ihn zu „den drei, vier Besten, die nach Goethe kommen" –, und mit „Immensee" (1849) hatte Storm bereits auch als Novellist auf sich aufmerksam gemacht.

In seiner von beruflichem Druck, schwierigen Lebensumständen und bitterem Heimweh getrübten Potsdamer Zeit war er literarisch nur wenig produktiv. Neben einigen

Gedichten schrieb er lediglich drei kleine Novellen, darunter „Im Sonnenschein“, eine durch Besuche im Park von Sanssouci inspirierte Rokoko-Geschichte. Er stand aber in engem Kontakt mit dem Berliner Dichterklub „Tunnel über der Spree“, zu dem u.a. auch Schriftstellerkollege Theodor Fontane gehörte, dem allerdings Storms antipreußische Einstellung und seine „Husumerei“ missfielen.

Storm lebte erst wenige Monate in der Benkertstraße 15 im Holländischen Viertel – seiner dritten Potsdamer

Das Brandenburger Tor in Potsdam – ein Werk von >> Carl von Gontard und >> Georg Christian Unger. Durch den Torbogen ist das ehemalige Wohnhaus Storms zu sehen

Wohnung –, als er im September 1856 eine Stelle als Kreisrichter in Heiligenstadt erhielt und das verhasste „große Militärkasino Potsdam“ endlich verlassen konnte.

In Heiligenstadt und in Husum, in das er erst 1864 nach der dänischen Niederlage zurückkehrte, konnte er seine schriftstellerische Arbeit wieder aufnehmen. Es entstanden seine großen Novellen, darunter „Im Schloß“, „Pole Poppenspäler“ und sein berühmtes, noch heute spannend zu lesendes Meisterwerk „Der Schimmelreiter“ (1888). ■

Im Eckhaus (rechts) mit Blick auf das Brandenburger Tor lag Storms erste Potsdamer Wohnung

Autorennfahrer, Landwirt (geb. 1900 Warschau – gest. 1978 Grainau/Oberbayern)

Potsdam-Babelsberg, Virchowstraße 19–21

Hans Stuck, wegen seiner sensationellen Geschwindigkeitserfolge auf Bergstrecken auch „Bergkönig“ genannt, war bereits in den 1920er-Jahren einer der besten deutschen Autorennfahrer und konnte seine Karriere auch im von Hitler subventionierten und propagandistisch ausgenutzten NS-Rennsport nahtlos fortsetzen.

Hans Stuck, 1929

Am 6. März 1934 stellte er auf der Berliner AVUS mit einer Durchschnittsgeschwindigkeit von 217 km/h gleich drei Weltrekorde auf; im Juli desselben Jahres gewann er den Großen Preis von Deutschland auf dem Nürburgring. Er freue sich besonders, verkündete Stuck in der Wochenschau, „daß wir [...] einen deutschen Sieg auf deutschem Fahrzeug mit deutschem Fahrer erringen konnten.“

Seine prominente Stellung war durch die jüdische Abstammung seiner Frau, der Journalistin und bekannten Tennisspielerin Paula von Reznicek (1895 – 1976), bald gefährdet. Er konnte sie zwar durch seine guten Verbindungen zur NS-Elite, insbesondere zu Luftfahrtminister Hermann Göring („Wer arisch ist, bestimme ich.“) schützen, musste aber hinnehmen, dass sein Name nicht mehr in den Schlagzeilen der Rennberichterstattung auftauchte.

Die 1890 errichtete, 1927 von Ernst Ludwig Freud, einem Sohn des berühmten Wiener Psychoanalytikers Sigmund Freud, umgebaute Villa bewohnte Stuck in den 1930er-Jahren

Auch nach 1945 fuhr Stuck, trotz seines fortgeschrittenen Alters, weiter Rennen. Sein Sohn Hans-Joachim (geb. 1951), der aus seiner dritten Ehe mit Christa Thielmann stammte, wurde ebenfalls ein bekannter Rennfahrer. ■

Offizier, NS-Widerstandskämpfer
(geb. 1886 Berlin – hingerichtet 30.8.1944 Berlin-Plötzensee)

Potsdam-Jägervorstadt, Hegelallee 4

Carl-Heinrich von Stülpnagel, von Mitarbeitern als einer der „gebildetsten Generale" beschrieben, gehört zu den weniger bekannten Vertretern des militärischen Widerstands gegen Hitler.

Er war der Tradition seiner Familie gefolgt – aus ihr waren sechs preußische Generäle, darunter sein Vater, hervorgegangen – und hatte die Militärlaufbahn eingeschlagen.

General von Stülpnagel

Im Ersten Weltkrieg bereits Generalstabsoffizier, wurde er 1932 Oberst, 1937 Generalleutnant, 1939 General der Infanterie und 1942 „Militärbefehlshaber Frankreich" in Paris – eine steile Karriere in einem System, das er zunehmend verabscheute.

1938 schloss er sich dem Widerstandskreis um Claus Graf Schenk von Stauffenberg an und arbeitete u.a. mit den Generälen Oster, von Witzleben und Beck intensiv an Staatsstreichplänen gegen die NS-Diktatur. Während des Hitler-Attentats vom 20. Juli 1944 war er der einzige hohe Befehlshaber außerhalb Berlins, der entschlossen und konsequent handelte, indem er nach Erhalt der Nachricht vom angeblichen Tod Hitlers, am Nachmittag desselben Tages die Pariser SS-, SD- und Gestapo-Führung verhaften ließ.

Nach vielen beruflich bedingten Umzügen ließ sich der General Ende der 1930er-Jahre mit seiner Familie in der historistischen Villa nahe dem Nauener Tor nieder

Zwei Tage nach dem Scheitern des Staatsstreichs versuchte von Stülpnagel vergeblich sich zu erschießen. Durch den Selbstmordversuch erblindet, wurde er am 30. August 1944 vom Volksgerichtshof zum Tode verurteilt und gehängt. ■

Sänger, Schauspieler, Dirigent, Komponist (geb. 1891 Linz – gest. 1948 London)

Potsdam-Babelsberg, Rosa-Luxemburg-Straße 24

Opern-, Operetten-, Konzert- und Schlagersänger, Dirigent, Komponist und Filmschauspieler – der heute fast vergessene Richard Tauber war in den 1930er- und -40er-Jahren ein Superstar der Unterhaltungsbranche.

Sein immenser Erfolg basierte auf dem „lebendigen Zauber seiner unvergleichlichen Stimme" und geschickter Vermarktung zugleich. Präsent auf unzähligen Schallplatten, im Rundfunk und im Film sowie an den großen Opernhäusern Europas faszinierte sein Tenor ein Millionenpublikum.

Neben Opernpartien wie den „Tamino" in Mozarts „Zauberflöte", den „Linkerton" in Puccinis „Madame Butterfly" und den „Alfredo" in Verdis „La Traviata" verkörperte der „deutsche Caruso" vor allem die großen Rollen in den seinerzeit ungeheuer populären Operetten seines Freundes Franz Lehár, etwa im „Zarewitsch" (Uraufführung 1927 im Berliner Künstlertheater), „Schön ist die Welt" (Uraufführung 1930 im Berliner Metropoltheater) und „Das Land des Lächelns". Er gab Konzerte mit klassischen Liedern von Schubert, Schumann und Mozart und sang sich gleichzeitig mit sentimentalen Operettenarien und Schlagermelodien wie „Dein ist mein ganzes Herz", „Ich küsse ihre Hand, Madame" und „Immer nur lächeln" in die Herzen seiner Fans.

Ab 1930 drehte Tauber auch Filme, in denen er stets als Sänger auftrat, und betrieb mit seinem Cousin Max Tauber eine eigene Filmproduktionsfirma, die „Richard-Tauber-Tonfilmgesellschaft", die später pleite ging.

Trotz seines unvergleichlichen Erfolgs und des luxuriösen Lebensstils, den ihm seine Spitzengagen ermöglichten, blieb Richard Tauber bodenständig: „Ich hatte

Der „deutsche Caruso": Tenor Richard Tauber

den besten Eindruck von ihm. Nichts von Allüren, nichts von Pose, nichts von Mätzchen, nichts von Launen, nichts von Empfindlichkeit. Er war natürlich, er zeigte Humor, er redete klar und ohne Umschweife, er lachte oft und gerne." So beschrieb ihn ein Journalist, der ihn 1931 im Berliner Nobelhotel » Adlon interviewt hatte.

Tauber, Sohn eines jüdischen Schauspielers, wurde 1933 in Berlin auf offener Straße von SA-Leuten tätlich angegriffen – Grund genug für ihn, Deutschland zu verlassen. Mit seiner zweiten Ehefrau, der britischen Schauspielerin Diana Napier (1904–1982), emigrierte er über Wien nach London.

Im Exil komponierte Tauber selbst Operetten („Der singende Traum", 1934; „Old Chelsea", 1942), gab klassi-

Die 1910 erbaute Nobelvilla bewohnte Tauber bei UFA-Dreharbeiten

sche Konzerte, u.a. mit dem London Philharmonic Orchestra, dirigierte und konnte auch seine Gesangskarriere erfolgreich fortsetzen.

Sein letztes Konzert gab er, ohne zu wissen, dass er bereits unheilbar an Lungenkrebs erkrankt war, an dem er kurz darauf im Alter von nur 57 Jahren starb. ■

Schriftsteller, Übersetzer
(geb. 1773 Berlin – gest. 1853 Berlin)

Potsdam-Jägervorstadt, Schopenhauerstraße 24, „Villa Tieck“

„Mondbeglänzte Zaubernacht,/Die den Sinn gefangen hält,/Wundervolle Märchenwelt,/Steig auf in der alten Pracht!“ Diese Verse aus dem Prolog seines Drama „Kaiser Octavianus“ (1804) gelten als die berühmtesten Zeilen aus dem Werk von Ludwig Tieck und zugleich als Inbegriff romantischer Dichtung.

Tieck, der „König der Romantik“, wie ihn der Schriftsteller Friedrich Hebbel nannte, war ein extrem produktiver Autor. Bis 1824 war bereits eine 30-bändige Ausgabe seiner Romane, Erzählungen, Märchen, Dramen und Gedichte erschienen. Auch als Herausgeber einer neunbändigen deutschen Shakespeare-Ausgabe und als Übersetzer von Miguel de Cervantes' berühmten Roman „Don Quijote“ hatte sich Tieck einen Namen gemacht. Er stand in engem Kontakt zu anderen großen Künstlern und Gelehrten seiner Zeit, unter ihnen die romantischen Dichterkollegen Achim von Arnim und Clemens Brentano, die Maler Caspar David Friedrich und Carl Gustav Carus sowie die Brüderpaare Schlegel und Grimm und der Philosoph Friedrich Schleiermacher.

Die Loggia

Seit seiner Dresdener Zeit – Tieck war seit 1825 Dramaturg am dortigen Hoftheater – besaß er, wie sonst nur Goethe in Weimar, den Rang eines Dichterfürsten.

1842 kehrte Tieck, bereits 69 Jahre alt, auf Einladung >> Friedrich Wilhelms IV., der nach seiner Thronbesteigung prominente Künstler nach Preußen holte, gemeinsam mit seiner Lebensgefährtin Henriette Gräfin Finck von Finckenstein (1774–1847) in seine Geburtsstadt Berlin zurück. Der preußische König bot ihm ein großzügiges Gehalt und eine repräsentative Stadtwohnung in der Friedrichstraße. Als Sommersitz stellte er ihm die große Potsdamer Villa in der Schopenhauerstraße nahe des Sansscouci-Parks zur Verfügung, wo Tieck für den kunstliebenden

König im Theater des Neuen Palais bewährte Schauspielklassiker inszenierte, darunter Sophokles' antike Tragödie „Antigone" und Shakespeares „Sommernachtstraum", der am 14. Oktober 1843, dem Geburtstag Friedrich Wilhelms IV., Premiere hatte. Zu beiden Stücken hatte Felix Mendelssohn Bartholdy, den der König als Kapellmeister aus Leipzig in seine Residenz berufen hatte, die Schauspielmusik komponiert.

Ludwig Tieck

Trotz aller Privilegien und der außergewöhnlichen Wertschätzung durch den König – Tiecks beste Zeit war vorbei. Sein künstlerischer Einfluss schwand, die politischen Ideale der jüngeren Schriftstellergeneration des Vormärz blieben ihm fremd.

Viele seiner Werke sind längst vergessen, aber seine „[...] wunderbaren und vieldeutigen, aus Angstträumen und Melancholie gewobenen Märchenerzählungen wie „Der blonde Eckbert" und der „Runenberg", in denen Traum und Bewußtsein sich ineinander verschränken [...]", wie Günter de Bruyn es formulierte, faszinieren bis heute. ■

Das Haus aus dem Jahr 1787 wurde 1845/46 von Ludwig Persius und Ludwig Ferdinand Hesse im Rahmen der von >> Friedrich Wilhelm IV. geplanten „Künstlerkolonie am Weinberg" für Tieck zu einer spätklassizistischen Villa umgebaut. Er lebte hier bis 1850. Über dem Eingang fehlt inzwischen die Statue der „Poesia", ein Werk seines Bruders Christian Friedrich Tieck. Heute befindet sich hier der evang. Kindergarten „Friedenshaus"

Offizier, NS-Widerstandskämpfer
(geb. 1901 Magdeburg – gest. 1944 Ostrowo/Polen)

Potsdam-Babelsberg, Karl-Marx-Straße 25

Henning von Tresckow gehörte zu den Offizieren, die keinen anderen Ausweg sahen, als Hitler umzubringen, um das NS-Regime zu stürzen. „Das Attentat muß erfolgen“, so seine berühmte Äußerung gegenüber Graf Stauffenberg. „[...] Sollte es nicht gelingen, so muß trotzdem in Berlin gehandelt werden. Denn es kommt nicht mehr auf den praktischen Zweck an, sondern darauf, daß die deutsche Widerstandsbewegung vor der Welt und vor der Geschichte den entscheidenden Wurf gewagt hat.“

Erst 16 Jahre alt war von Tresckow im August 1917 in das 1. Garde-Regiment zu Fuß in Potsdam eingetreten. Er schied Ende des Ersten Weltkriegs aus, studierte Jura, lernte Bankkaufmann, verwaltete das Familiengut in Wartenberg/Neumark (heute Chełm Dolny/Polen) und kehrte 1926 in die Armee zurück. Er diente im legendären Potsdamer Infanterie Regiment Nr. 9, dem überdurchschnittlich viele adlige Offiziere angehörten („Regiment Graf 9“). Viele von ihnen beteiligten sich später am Widerstand gegen Hitler.

Im „Dritten Reich“ setzte von Tresckow seine Militärkarriere als Generalstabsoffizier im Polen- und Frankreichfeldzug sowie als Chef des Stabes der zweiten Armee an der Ostfront nahtlos fort, wandelte sich aber nach und nach zum entschiedenen Gegner des Nationalsozialismus. Nachdem seine eigenen Pläne, den ‚Führer‘ zu beseitigen, fehlgeschlagen waren – Tresckow hatte 1943 mit einigen Mitverschwörern vergeblich versucht, ihn bei einem Flug an die Ostfront sowie beim Besuch einer Ausstellung im Berliner Zeughaus durch ein Sprengstoffattentat zu töten – beteiligte er sich unter der Federführung von Oberst Claus Graf Schenk von Stauffenberg an der Ausarbeitung des Umsturzplans „Walküre“, bis er im Juni 1944 an die Ostfront kommandiert wurde. Dort beging

Henning und Erika von Tresckow, 1932

von Tresckow einen Tag nach dem gescheiterten Hitler-Attentat vom 20. Juli 1944 Selbstmord mit einer Handgranate. Um seine Familie vor den erbarmungslosen Repressalien der Nazidiktatur zu schützen, wollte er vortäuschen, er sei bei einem feindlichen Angriff ums Leben gekommen – vergeblich: Seine Verwicklung in das Attentat wurde aufgedeckt, sein schon auf Gut Wartenberg bestatteter Leichnam exhumiert und verbrannt. Seine Frau Erika, die Tochter des früheren preußischen Kriegsministers Erich von Falkenhayn, sowie die vier gemeinsamen Kinder kamen in Sippenhaft.

Die Babelsberger Villa ist die einzige erhaltene Adresse von Tresckows in Potsdam. Seine Wohnhäuser in der Breiten Straße, nahe der 1968 gesprengten Garnisonkirche, und Am Kanal wurden im Zweiten Weltkrieg zerstört. Im Potsdamer Schloss Lindstedt, dem Wohnsitz seines Schwiegervaters, war er häufig zu Gast. Auf dem Friedhof in Potsdam-Bornstedt erinnert ein Gedenkstein an Henning und Erika von Tresckow (gest. 1973) und die Widerstandsbewegung vom 20. Juli 1944. ■

Im August 1943 fand Henning von Tresckow mit seiner Frau Erika Unterkunft in der Villa seiner Schwester Marie-Agnes und seines Schwagers Dietloff von Arnim-Rittgarten. Tresckow arbeitete hier mit General Friedrich Olbricht an den Plänen für den Staatsstreich „Walküre“

Architekt
(geb. 1743 Bayreuth – gest. 1799 Berlin)

Potsdam-Holländisches Viertel, Hebbelstraße 55

Wie zahlreiche Bayreuther Künstler und Architekten wurde Georg Christian Unger 1763 an den preußischen Hof berufen, wo er es bis zum Oberhofbaurat brachte. Er hinterließ mehr Bauwerke als sein Lehrer und Kollege >> Carl von Gontard, ist aber weniger bekannt.

Mit der Neugestaltung ganzer Straßenzüge in der Potsdamer Innenstadt (Charlottenstraße, Französische Straße, Kiezstraße und Burgstraße), der Errichtung zahlreicher Bürgerhäuser im Stil des Spätbarock, aber auch markanter Solitärbauten, die sich auf Wunsch des Königs häufig an berühmten europäischen Vorbildern orientierten, hatte er wesentlichen Anteil an der Verschönerung der Residenzstadt Potsdam in der Ära >> Friedrichs II.

Zu seinen hervorragenden Werken gehören, unter vielen anderen zerstörten und noch erhaltenen Bauten, die sog. Hiller-Brandtschen Häuser, Breite Straße 8–12 (1769), deren pompöse Schaufassade sich an einem nicht ausgeführten Entwurf von Inigo Jones für Whitehall Palace in London von 1619 orientierte. Unger baute auch das ehemalige Lazarett des Regiments Leibfußgarde in der Lindenstraße 25 (1772) und erweiterte das palastartige Wohnhaus für >> Henri de Catt, den Vorleser Friedrichs II., in der Berliner Straße 10 (1777). 1770 entstand die ‚Außenseite' des Brandenburger Tors (die Stadtseite ist von Gontard) nach dem Vorbild des antiken römischen Konstantinbogens, 1781 die Portalfassade des sog. Langen Stalls (Breite Straße, nur Fassade erhalten) und 1770–1772 das

Belvedere auf dem Klausberg im Park von Sanssouci.

Auch in Berlin konnte Unger sich entfalten. Neben Bürgerhäusern und Kasernen schuf er u.a. die Königliche Bibliothek („Kommode“) am Bebelplatz, das erste Bibliotheksgebäude Preußens, das einen nicht verwirklichten Entwurf von Joseph Emanuel Fischer von Erlach d.J. für den Michaelertrakt der Wiener Hofburg zum Vorbild hatte.

Seine Erfolge schützten Unger, wie viele seiner Kollegen am Hof Friedrichs II., nicht davor, vom König schlecht behandelt zu werden. Als sich Unger einmal nicht an die Vorgaben der Oberbaudeputation, der obersten preußischen Baubehörde, gehalten hatte, wurde er unter Androhung von Festungshaft arrestiert.

Den rechten Teil des Doppelhauses bewohnte Unger von Anfang 1773 bis Ende 1774. Das Haus gehörte dem Maler und Vergolder Karl Christian Wilhelm Baron, der nebenan in der Nr. 54 wohnte. Beide arbeiteten zu dieser Zeit bei der Innenausstattung der Neuen Kammern im Park von Sanssouci zusammen

In Potsdam zog Unger mehrfach um, wobei er immer im oder nahe des Holländischen Viertels wohnte: in der Gutenbergstraße 83 am Bassinplatz, einem Haus, das dem niederländischen Zimmermeister Dirk Bouman gehörte, Ende 1774 bis 1775 in der Kurfürstenstraße 14/15 bei einer Malerwitwe und zuletzt in der Friedrich-Ebert-Straße 82, bevor er 1781 mit seiner zweiten Frau Elisabeth Johanna Christine, geb. Leithold, einer aus Bayreuth stammenden Maurermeisterwitwe, und deren vier Kindern nach Berlin übersiedelte.

Erst hier lebte er ‚standesgemäß‘ am Gendarmenmarkt, gegenüber dem Französischen Dom, in einem nach eigenen Entwürfen errichteten Haus (nicht erhalten). ■

Schriftsteller, Maler, Filmemacher
(geb. 1916 Nowawes/ heute zu Potsdam – gest. 1982 Stockholm)

Potsdam-Babelsberg, Rudolf-Breitscheid-Straße 232

Peter Weiss steht für Avantgardeliteratur, gesellschaftspolitische Kontroversen und die Prinzipien der politischen Linken im 20. Jahrhundert. Ganz anders sein Elternhaus: Er wurde in eine wohlhabende und vornehme Großbürgerfamilie geboren. Sein Vater war der aus der Tschechoslowakei stammende jüdische Textilfabrikant Eugen Weiss, der später zum Christentum konvertierte, seine Mutter die Schauspielerin Frieda Thierbach-Weiss (1885–1958), die einst erfolgreich auf den Berliner Bühnen des

Das Geburtshaus des Schriftstellers: Die malerische „Villa Tannwald" – um 1890 von Ende & Böckmann, den Gründern der Villenkolonie Neubabelsberg, erbaut

Starregisseurs Max Reinhardt gespielt hatte. Weiss war das erste Kind des Paares, dem in den 1920er-Jahren drei jüngere Geschwister folgten. Die Mutter brachte zwei Söhne aus erster Ehe mit.

Trotz des äußerlich privilegierten familiären Rahmens war Weiss' Kindheit nicht glücklich, sondern ein Trauma, mit dem er sich in seinen autobiografischen Erzählungen „Abschied von den Eltern" (1961) und „Fluchtpunkt" (1962) ausführlich beschäftigte. Er schildert sein Elternhaus als kühl und beklemmend, in dem er sich fremd und ungeborgen fühlte, als „gänzlich mißglückten Versuch von Zusammenleben". Dazu beigetragen haben sicher die vielen wechselnden Lebensstationen der Familie, die 1917 nach Galizien und 1919 nach Bremen umzog, 1930 nach Berlin zurückkehrte und nach der NS-Machtergreifung über London und Prag nach Schweden floh, wo Weiss blieb und nach zwei kurzen, gescheiterten Ehen ab 1952 mit seiner späteren dritten Frau, der Künstlerin Gunilla Palmstierna (geb. 1928), zusammenlebte.

Peter Weiss, 1982

Weiss, der auch Maler und Experimentalfilmer war, machte sich nach 1945 als Autor zeitkritischer und gesellschaftspolitischer Literatur international einen Namen – eigene Kindheitserfahrungen und die Ausgrenzung während der Zeit des Nationalsozialismus hatten ihn besonders für Themen wie Unterdrückung und Verfolgung sensibilisiert. Ein Welterfolg war „Die Verfolgung und Ermordung Jean Paul Marats dargestellt durch die Schauspielgruppe des Hospizes zu Charenton unter Anleitung des Herrn de Sade" (1964). Im Jahr darauf erschien „Die Ermittlung" (1965), ein dokumentarisches Stück über den Frankfurter Auschwitz-Prozess gegen die Leiter des Konzentrationslagers und ihre Handlanger. Die Intensität der oratoriumsartigen Szenen („Gesang von der Rampe ...") und Weiss' Überzeugung, „dass der Holocaust kein singuläres Ereignis sei, sondern vergleichbar mit anderen Formen des Völkermords und der Unterdrückung" (Killy-Literaturlexikon, 2011), löste heftige Reaktionen aus. Viel diskutiert wurde auch sein letzter, zwischen 1975 und 1981 erschienener Roman „Die Ästhetik des Widerstands", eine dreibändige Chronik des Kampfes der Linken gegen den Faschismus. ■

Kronprinz des Deutschen Reiches und Kronprinz von Preußen (geb. 1882 Potsdam/Marmorpalais – gest. 1951 Hechingen/Baden-Württemberg)

Potsdam-Neuer Garten, Im Neuen Garten 11, „Schloss Cecilienhof“

Im nördlichen Teil des Neuen Gartens, nahe dem Marmorpalais von » Friedrich Wilhelm II., liegt Schloss Cecilienhof, der letzte Schlossbau der Hohenzollern, der zwischen 1913 und 1917 nach Plänen von Paul Schultze-Naumburg als ständiger Wohnsitz des Kronprinzenpaars Wilhelm und Cecilie von Preußen erbaut wurde.

Bekannter ist es als Austragungsort der Potsdamer Konferenz vom 17. Juli bis 2. August 1945, auf der die Siegermächte des Zweiten Weltkrieges, vertreten durch den britischen Premierminister Churchill, US-Präsident Truman und den sowjetischen KPdSU-Generalsekretär Stalin, über die Neuordnung Deutschlands verhandelten. Heute wird es als Gedenkstätte, Museum und teilweise als Hotel genutzt.

Breit ausgedehnt und verwinkelt, mit viel Naturstein, Holz, Fachwerk und den hohen Schornsteinen wirkt Schloss Cecilienhof wie ein alter, allmählich gewachsener Landsitz mit leichter Patina und ist damit ein Musterbeispiel der damaligen englischen Landhausmode. Auch innen ist die Atmosphäre rustikal: dunkle Holzvertäfelungen und Balkendecken, Butzenscheiben, eine zentrale Wohnhalle mit wuchtiger Eichenholztreppe (1945 Veranstaltungsort der Potsdamer Konferenz).

Deutschlands letztes Kronprinzenpaar

Eine glänzende Zukunft lag vor Wilhelm und Cecilie, als sie das Schloss bezogen. Sie waren ein Traumpaar, das 1905 unter großer öffentlicher Begeisterung geheiratet hatte, sechs Kinder bekam und das nächste Kaiserpaar werden sollte. Wilhelm, der erste Sohn Kaiser Wilhelms II., wie alle Hohenzollern Offizier und außerdem studierter Staats- und Verwaltungsrechtler, galt als Gentleman und war im Volk beliebt. Cecilie, geborene Herzogin zu Mecklenburg-Schwerin (1886–1954), wurde wegen ihrer Schönheit und ihrer Eleganz bewundert.

Die politischen Umschwünge änderten alles. Wie sein Vater, der abgedankte Kaiser Wilhelm II. ging Kronprinz Wilhelm nach dem Zusammenbruch der Monarchie Ende

Schloss Cecilienhof, Eingangsseite

Brunnenfigur „Narziss", ein Werk von Hubert Netzer (1930) im Prinzenhof

1918 ins niederländische Exil und musste förmlich auf alle Thronansprüche verzichten. Cecilie lehnte es ab, ihrem Mann zu folgen und blieb mit ihren Kindern in Deutschland. Ab 1926 – der Kronprinz war 1923 mit Erlaubnis der Weimarer Regierung nach Deutschland zurückgekehrt – lebte das letzte Kronprinzenpaar zeitweise wieder gemeinsam auf dem inzwischen verstaatlichten Schloss Cecilienhof, wo ihnen weiterhin Wohnrecht gewährt wurde. Cecilie etablierte hier einen musikalischen Salon, in dem auch der Pianist » Wilhelm Kempff und der Dirigent » Wilhelm Furtwängler zu Gast waren. Ex-Kronprinz Wilhelm, der sich eigentlich nicht politisch betätigen durfte, trat dem rechten „Stahlhelm" bei und unterstützte Hitler, weil er sich eine Wiedereinführung der Monarchie erhoffte, distanzierte sich aber später vom NS-Regime.

Nach 1945 lebte das einstige Kronprinzenpaar – inzwischen getrennte Wege gehend – in Süddeutschland. ■

Deutscher Kaiser und König von Preußen
(geb. 1797 Berlin – gest. 1888 Berlin)

Potsdam-Babelsberg, Park Babelsberg 10, „Schloss Babelsberg"

„Als König entwickelte er Talente, die kein Mensch in ihm vermutet hätte. Was seinem Bruder [...] misslang, versteht er beinahe zu gut, nämlich die richtigen Männer am richtigen Platz zu halten und vor allem, sie gewähren zu lassen. Er führt ein Regiment wie in einer modernen konstitutionellen, das heißt verfassungsmäßig eingeschränkten Monarchie." (Heinz Ohff)

Wilhelm I. war der zweitgeborene Sohn von König >> Friedrich Wilhelm III. und Königin Luise. Als Nachfolger seines kinderlos gebliebenen Bruders >> Friedrich Wilhelm IV. wurde er Anfang 1861, im Alter von fast 64 Jahren, König von Preußen, und 1871 erster Deutscher Kaiser. Obwohl er einst die Aufständischen der Berliner Märzrevolution von 1848 „niederkartätschen" wollte – >> Max Dortu ihn gab ihm daraufhin den Spottnamen „Kartätschenprinz" – war er ein beliebter Regent.

Wilhelm I. empfängt Bismarck in seinem Arbeitszimmer (Gemälde von Konrad Siemenroth)

Augusta als Prinzessin, um 1829

Mit Kaiserin Augusta, einer geborenen Prinzessin von Sachsen-Weimar-Eisenach (1811–1890), verband ihn wohl keine große Liebe. Wilhelm hatte sie auf Drängen seines Vaters geheiratet, nachdem die Hochzeit mit seiner langjährigen Geliebten, der polnischen Prinzessin Elisa Radziwill, aus Standesgründen gescheitert war. Augusta war, so der Wilhelm-Biograf Franz Herre, „überdurchschnittlich begabt und gebildet, von lebhaftem, ja heftigem Temperament [...]." Ihre Mutter, die Weimarer Großfürstin Maria Pawlowna, war eine Zarentochter, ihr Großvater war Goethes Freund und Förderer Herzog Karl August. Am aufgeklärten Weimarer Hof aufgewachsen, dachte sie bedeutend liberaler als ihr Mann. Den konservativen Reichskanzler Otto

Ein englisches Tudorschloss in Preußen: Schloss Babelsberg – mehr als 50 Jahre lang Sommersitz des ersten deutschen Kaiserpaars. Der Park ist öffentlich zugänglich, das Schloss als Museum zu besichtigen

von Bismarck, seine politischen Entscheidungen und insbesondere seine Kriegspolitik lehnte sie ab.

Wilhelm und Augusta waren noch Prinz und Prinzessin, als sie sich das romantische Schloss Babelsberg auf einer Anhöhe über der Havel errichten ließen. Die Fertigstellung zog sich von 1833 bis 1849 hin, drei Architekten arbeiteten daran. Karl Friedrich Schinkel, der auch die Sommersitze für Wilhelms Brüder Carl und Friedrich Wilhelm (IV.) geschaffen hatte, lieferte den Entwurf, den Ludwig Persius nach dessen Tod fortsetzte. Als auch er vier Jahre später starb, übernahm Johann Heinrich Strack die Bauleitung, der Schinkels Pläne auf Wunsch Augustas, die schon zuvor immer wieder eigene Ideen eingebracht hatte, stark modifizierte. Sie beeinflusste auch die Gestaltung des Parks. Dem prominenten Gartenarchitekten >> Peter Joseph Lenné entzog sie sogar seinen Auftrag und engagierte ab 1843 Fürst von Pückler-Muskau, der die malerischen Wege vorbei am Dampfmaschinenhaus, dem Flatowturm, der Gerichtslaube und dem Matrosenhaus sowie die Blickachsen nach Potsdam, auf die Glienicker Brücke und Schloss Klein-Glienicke vollendete. ■

Das „Kleine Schloss" im Babelsberger Park, ursprünglich ein bescheidenes Gartenhaus, wurde auf Wunsch von Kaiserin Augusta durch Ludwig Persius im Stil der Tudorgotik umgestaltet. Es diente als Unterkunft für Hofdamen und Gäste (heute Restaurant)

Johann Christoph WOHLER

Bildhauer
(geb. 1748 Magdeburg – gest. 1799 Potsdam)

Potsdam-Holländisches Viertel, Benkertstraße 3

Johann Christoph Wohler gehörte mit seinem jüngeren Bruder Michael Christoph (1754–1802) zu den viel beschäftigten Bildhauern im Dienst der preußischen Könige >> Friedrich II. und >> Friedrich Wilhelm II.

Die Wohlers kamen 1769 mit ihrem Vater, dem Bildhauer Michael Christoph Wohler d.Ä., einem Schüler der >> Brüder Räntz, nach Potsdam. Über ihr Leben ist kaum etwas überliefert, aber die meisten ihrer, häufig in Zusammenarbeit mit anderen Hofbildhauern entstandenen, Potsdamer Arbeiten sind erhalten – von großfigurigen Skulpturen für die königlichen Bauten bis zu unzähligen Putten an Potsdamer Bürgerhäusern.

Johann Christoph Wohler war u.a. beteiligt an der Baudekoration des Langen Stalls in der Innenstadt und des Neuen Palais im Park Sanssouci (1763–1769). Gemeinsam mit seinem Bruder schuf er die Attikaskulpturen für den ehem. Königlichen Kutschpferdestall Am Neuen Markt, den Figurenschmuck der Communs (beim Neuen Palais) und die Kindergruppen auf der Balustrade vor der Bildergalerie im Sanssouci-Park. Sie erstellten die Giebelreliefs am Palais der Gräfin >> Lichtenau (Entwurf Johann Gottfried Schadow) sowie an der sog. Schauspielerkaserne in der Posthofstraße 17 (1796) und schufen einen Teil der Bauplastik für das Marmorpalais >> Friedrich Wilhelms II. (nach Vorlagen des Berliner Malers Christian Bernhard Rode). ■

Wohlers Skulpturen auf dem Portal des ehem. Königlichen Kutschpferdestalls Am Neuen Markt, ein Werk von >> Andreas Ludwig Krüger

Das heute vom Potsdam-Museum genutzte Haus bewohnte der Bildhauer von 1775 bis 1783 zur Miete, bevor er in die nahe gelegene Mittelstraße 23 zog

ORTSREGISTER

LITERATUR

Bauten und Bildwerke im Park Sanssouci,
hrsg. von der Stiftung Preußische Schlösser und Gärten Berlin-Brandenburg, Potsdam 2002

Brandenburgisches Biographisches Lexikon,
hrsg. von Friedrich Beck und Eckart Henning, Potsdam 2002

Georg Dehio: Handbuch der Deutschen Kunstdenkmäler – Brandenburg,
München/Berlin 2010

Deutsche Biographische Enzyklopädie (DBE),
hrsg. von Walter Killy, München u.a. 1995–99

Wolfgang Feyerabend:
Spaziergänge durch das literarische Potsdam,
Zürich/Hamburg 2005

Dagmar Hoßfeld/Renate Wullstein:
Das weibliche Potsdam – Kurzbiographien aus drei Jahrhunderten,
Potsdam 1998

Neuendorf – Nowawes – Babelsberg. Stationen eines Stadtteils,
hrsg. vom Förderkreis Böhmisches Dorf Nowawes und Neuendorf e.V., Horb am Neckar (3. Aufl.) 2008

Christiane Petri:
Potsdam und Umgebung,
Ostfildern (3. Aufl.) 2009

Paul Sigel/Silke Dähmlow/Frank Seehausen/Lucas Elmenhorst:
Architekturführer Potsdam,
Berlin 2009

BILDNACHWEIS

Alle Abbildungen der Wohnhäuser stammen von Christiane Kruse.

Die Porträts der abgebildeten Persönlichkeiten stammen aus den Archiven von Christiane Kruse und des Verlagshauses Würzburg mit Ausnahme der unten aufgeführten:

S. 7 oben: Bundesarchiv, B 145 Bild-F078072-0004 / Katherine Young / CC-BY-SA; S. 12 oben: Horst Bienek/ fot. AG; S. 16 links: Bundesarchiv, Bild 183-1988-0420-022 / Senft, Gabriele / CC-BY-SA; S. 37 oben: S. 63 oben: photo©ErlingMandelmann.ch; S. 76 links: Bundesarchiv, Bild 183-64930-0040 / CC-BY-SA; S.87 oben: Bundesarchiv, Bild 102-08205 / CC-BY-SA; S. 91 oben: Bundesarchiv, Bild 146-2004-0061 / CC-BY-SA; S. 108 oben: Bundesarchiv, Bild 102-08188 / CC-BY-SA; S. 119 oben: Wikipedia/Dietbert Keßler.

IMPRESSUM

Buchgestaltung:
SILBERWALD®
Agentur für visuelle Kommunikation, Würzburg
www.silberwald.eu

Karte:
Fischer Kartografie, Aichach

Repro:
SILBERWALD®
Agentur für visuelle Kommunikation, Würzburg
www.silberwald.eu

Druck/Verarbeitung:
Druck Pruskil GmbH, Gaimersheim

Printed in Germany

www.verlagshaus.com

ISBN 978-3-8003-4704-9

WEITERE TITEL DIESER REIHE

Wer lebte wo in Brandenburg
ISBN 978-3-8003-4701-8

Wer lebte wo in Dresden
ISBN 978-3-8003-4702-5

Wer lebte wo in Hamburg
ISBN 978-3-8003-1996-1

Wer lebte wo in Leipzig
ISBN 978-3-8003-1997-8

Wer lebte wo in München
ISBN 978-3-8003-4703-2

Wer lebte wo Weimar
ISBN 978-3-8003-1991-6

Unser gesamtes Programm finden Sie unter:
www.verlagshaus.com